BRUNO FULIGNI

TOUR DU MONDE DES TERRES FRANÇAISES OUBLIÉES

ÉDITIONS DU TRÉSOR

Éditions du Trésor
38, rue d'Aboukir
Paris IIe

www. editionsdutresor.com

UN TEXTE DE
BRUNO FULIGNI
ILLUSTRÉ PAR
SERGIO AQUINDO

TOUR DU MONDE DES TERRES FRANÇAISES OUBLIÉES

ÉDITIONS DU TRÉSOR

DU MÊME AUTEUR

Les Constituants de l'Eldorado ou la République de Counani. Plein Chant, 1997.

L'État c'est moi. Histoire des monarchies privées, principautés de fantaisie et autres républiques pirates. Les Éditions de Paris - Max Chaleil, 1997.

Le Feu follet de la République. Philibert Besson, député, visionnaire et martyr. Éditions Guénégaud, 1999.

La Chambre ardente. Aventuriers, utopistes, excentriques du Palais-Bourbon. Les Éditions de Paris - Max Chaleil, 2001.

Victor Hugo président ! Les Éditions de Paris - Max Chaleil, 2002.

L'Île à éclipses. Histoire des apparitions et disparitions d'une terre française en Méditerranée. Les Éditions de Paris - Max Chaleil, 2003.

Jules Verne en verve. Éditions Horay, 2004.

Les Quinze mille. Députés d'hier et d'aujourd'hui. Éditions Horay, 2005.

La Police des écrivains. Éditions Horay, 2006.

Votez fou ! Candidats bizarres, utopistes, chimériques, mystiques, marginaux, farceurs et farfelus : de 1848 à nos jours, les élus auxquels vous avez échappé. Éditions Horay, 2007.

Dans les secrets de la police. Quatre siècles d'Histoire, de crimes et de faits divers. L'Iconoclaste, 2008.

La Parlotte de Marianne. 1 000 mots d'argot politique. Éditions Horay, 2009.

Présentation du *Dictionnaire de la racaille* d'Adolphe Gronfier, Éditions Horay, 2010.

L'Assemblée littéraire. Petite anthologie des députés poètes. Éditions Ginkgo, 2010.

Dans les archives inédites des services secrets. Un siècle d'Histoire et d'espionnage français (1870-1989). L'Iconoclaste, 2010.

La France rouge. Un siècle d'histoire dans les archives du PCF. Les Arènes, 2011.

Petit Dictionnaire des injures politiques. L'Éditeur, 2011.

Le Livre des espions. L'Iconoclaste, 2012.

Les Frasques de la Belle Époque. Albin Michel, 2012.

La Tortue d'Eschyle et autres morts stupides de l'Histoire. Les Arènes (en collaboration), 2012.

Présentation de *Dans l'enfer du bagne. Mémoires d'un transporté de la Commune* d'Alexis Trinquet. Les Arènes, 2013.

Le Monde selon Jaurès, Tallandier, 2014.

L'EMPIRE CLANDESTIN

ADIEU AUX COMPTOIRS, LOGES, CONCESSIONS ET AUTRES ENCLAVES COLONIALES POUR APPAREILLER VERS D'AUTRES HORIZONS

Nos grands-pères apprenaient à l'école la liste des départements, en récitaient de mémoire les préfectures et sous-préfectures, mais ils savaient aussi celle des colonies, protectorats, territoires sous mandat et autres possessions d'outre-mer, jusqu'aux cinq comptoirs de l'Inde française, dont les noms mystérieusement sonores formaient une inoubliable comptine : Mahé, Yanaon, Karikal, Pondichéry et Chandernagor. Cinq enclaves oubliées, quelque peu végétatives au flanc de l'immense Raj britannique, mais qui n'en formaient pas moins, quoique distantes entre elles de plusieurs milliers de kilomètres, une circonscription électorale unique, disposant d'un siège à la Chambre et représentée au Sénat. Et les mieux informés se racontaient en riant qu'en 1924, l'heureux sénateur de ces heureuses contrées, l'honorable Henri Gaebelé, avait démissionné de son mandat en écrivant très sérieusement au président de la Haute Assemblée qu'il ne supportait pas le climat parisien, et qu'il avait d'ailleurs passé toute la session parlementaire à Cannes… Ce sage s'en retourna au pays de la sagesse, l'Inde éternelle dont le soleil bienfaiteur lui conserva la vie longtemps…

Les lauréats du concours général, qui avaient potassé leur *Atlas colonial*, étaient aussi capables de citer les « loges » indiennes : non celles de Kipling et de ses frères maçons, qui essaimèrent en effet dans les colonies européennes, mais ces minuscules bribes de territoire, isolées, discontinues, qui se rattachaient de loin, par d'obscurs droits de passage sans cesse contestés, aux cinq comptoirs principaux. Dépendances de ces dépendances, telles étaient les loges de Balassore, de Cassimbazar et de

Mazulipatam, l'aldée de Goorpordha, les mines de Bahour… Poussière d'Inde dont l'ancien préfet de police Andrieux raconte, dans ses *Souvenirs*, que le ministère de la Marine et des Colonies eut en 1880 la fantaisie de confier la « ferme générale » à un certain Courjon. « Fermier général des Loges », le titre ne manquait pas d'allure mais, soit qu'il sentît trop son Ancien Régime, soit qu'il évoquât trop indûment la maçonnerie universelle, le brave M. Courjon lui préféra en toute simplicité celui de « maharadjah »… La République fit donc un « grand roi » par décret : « Tiens, je fais des maharadjahs, maintenant ! » s'étonna en signant le sous-secrétaire d'État aux Colonies. « Lorsque la décision du ministre de la Marine eût été notifiée à M. Courjon, il quitta sa redingote et revêtit une sorte de stambouli soutaché de soie noire ; il remit dans un carton son chapeau à haute forme et entoura sa tête d'un turban jaune et brun, retenu par des épingles d'or. On le rencontra aux Champs-Élysées portant une ombrelle blanche. On le vit plus souvent au ministère de la Marine, où les huissiers annonçaient à M. le sous-secrétaire d'État "Son Altesse le prince Courjon"... »

Plus loin encore, loin à l'est des comptoirs et des loges, en Chine méridionale, les érudits le savaient : là gisaient le territoire à bail du Kouang-Tcheou-Wan et la concession française de Chang-haï — le « Petit Paris » d'Extrême-Orient, avec sa police corse, son gouverneur, son *taotaï* représentant l'autorité de Pékin, ses cent bordels internationaux où, après 1917, prostituées chinoises et trottins importés des Batignolles accueillaient dans leur déchéance les princesses tombées de la Russie blanche...

Pondichéry, Mazulipatam, Kouang-Tcheou-Wan et Chang-haï : musique flatteuse, propice aux rêveries baudelairiennes d'ordre et de beauté, de luxe, de calme et de volupté... Mais ces temps-là sont révolus, Chang-haï aujourd'hui s'orthographie « Shanghai », la concession n'est plus qu'un quartier historique menacé par les promoteurs de la Chine stalino-capitaliste, le Kouang-Tcheou-Wan est rayé de la carte et, quant aux comptoirs et aux loges de l'Inde, n'en déplaise aux hypothétiques descendants du maharadjah Courjon, l'année 1954 leur fut fatale, marquant leur absorption définitive par l'Union indienne du pandit Nehru. Annexion opérée, il faut bien le reconnaître, dans l'indifférence à peu près générale de l'opinion française. La Tunisie, cette année-là, recouvrait sa pleine souveraineté, les vastes territoires de l'Empire s'apprêtaient à proclamer leur indépendance, la décolonisation était en marche et le monde se moquait bien des enclaves perdues, des Échelles du Levant et autres maisons closes extraterritoriales.

Ces temps-là sont révolus, c'est entendu, et il ne faudrait pas qu'un excès de nostalgie nous conduise à un néo-colonialisme de mauvais aloi. Doit-on alors se résigner aux frontières étroites d'une France en tout point répertoriée, provinciale, cantonale et décentralisée, sans espoir d'aventure ni de découverte ? Il n'en est rien, très heureusement, car c'est de grands espaces et de terres lointaines dont les peuples ont besoin pour rêver. L'empire colonial est mort, mais le drapeau tricolore flotte encore sur nombre de territoires exotiques et bizarres. Contrairement à ce qu'un vain peuple pourrait penser, la France ne se limite donc pas à sa métropole et à ses DOM bien connus : un examen attentif des cartes révèle en effet des extensions inattendues du territoire national[1]. Sans léser personne, sans opprimer aucun peuple autochtone, notre beau pays conserve, à l'insu de tous, un petit empire, discret, clandestin, dont les franges extrêmes n'ont pas cessé de surprendre.

1 La jaquette de l'ouvrage, une fois dépliée, se révèle être une grande carte répertoriant les terres françaises oubliées décrites au fil des pages.

LA FRANCE INEXPLORÉE

DE L'ÎLE AUX COCHONS À L'ÎLE DES ONDES EN VISITANT L'ARCHIPEL DES CHESTERFIELD

On doit à Bruno Léandri, l'immortel auteur de *La Grande Encyclopédie du dérisoire,* cette révélation ébouriffante : « Une portion du territoire français n'est pas cartographiée à cause des nuages ! »

Les îles Crozet en effet, lointain archipel des Terres australes et antarctiques françaises, sont à ce point inhospitalières qu'au lieu d'envoyer ses géomètres s'y congeler sur pied, l'Institut géographique national s'est contenté de photographies aériennes pour dresser la carte des lieux. Or, sur les hauteurs de l'île aux Cochons — car il existe un territoire français nommé l'île aux Cochons ! — la présence permanente d'une couronne nuageuse s'est traduite par une large tache blanche sur la carte officielle. « Qu'y a-t-il là-dessous ? Une civilisation de vahinés à poils ? », écrit, la moustache hérissée de désir, l'encyclopédiste exalté. On se gardera de vérifier et de détruire son rêve. Par les quarantièmes rugissants et les cinquantièmes hurlants, sur ce rocher planté au milieu de l'océan, la vie d'éventuelles indigènes n'aurait sans doute rien d'un balancement de hanches au son des ukulélés ; on se figure plutôt les Amazones locales comme trapues et puissantes, pour le moins duvetées et peut-être velues, couvertes de peaux de phoque et coiffées d'ailes de manchots boucanées, le corps partout enduit de graisse animale au finir de la cérémonie rituelle d'abattage des éléphants de mer, sacrifiés aux dieux des frimas... À chacun ses fantasmes, il est vrai, sur l'île aux Cochons tout particulièrement. Nul n'en arrachera les mystères : le véritable intérêt de cette possession subantarctique tient justement à ce statut de *terra incognita*, de réduit obsédant qui, au XXIe siècle, narguant les géographes et les satellites d'observation qui espionnent la planète presqu'entière, reste à explorer.

Et le cas ne semble pas tout à fait unique. Il existe encore, de-ci de-là, des terres françaises vierges de toute occupation, de toute administration : des édens demeurés dans leur primitive innocence, des fragments de France où tout reste possible.

Ainsi les îles Chesterfield, en lisière septentrionale de l'Australie. Le climat s'y trouve infiniment plus propice à l'épanouissement d'une culture de « vahinés à poils », quoique l'archipel soit actuellement inhabité. Aucune montagne, aucun nuage, n'empêche d'en photographier du ciel le moindre mètre carré de sable blanc parsemé de coquillages : l'ensemble culmine à seulement sept mètres d'altitude et c'est plutôt à leur extrême isolement que ces îles françaises doivent leur entrée si tardive dans l'Histoire.

Françaises, oui : indiscutablement françaises depuis cent trente-cinq ans, ces îles, dont la possession ne coûta que quelques bocks de bière fraîche.

Il faudra un jour ériger une statue à la mémoire d'Alcide-Jean Desmazures, le héros national méconnu par qui ce chapelet d'atolls a eu la chance de quitter l'indécision territoriale où il végétait. Alcide-Jean Desmazures était un solide commerçant néo-calédonien, connu pour son opulence. Un beau jour de l'an de grâce 1878, le caboteur anglais Josuah William North, à bord de sa goélette l'*Eiffie Meikle,* fit escale à Huon, dans les îles Belep, proche dépendance de la Nouvelle-Calédonie où l'équipage partit en bordée, officiers en tête. Le capitaine, à court de liquidités, entreprit de taper le bon Alcide-Jean, non sans lui promettre un prompt remboursement sur la base d'une juteuse affaire de phosphates : l'Angleterre, expliqua le marin trop bavard, s'apprêtait à planter son drapeau sur l'archipel encore non-attribué des Chesterfield afin d'en exploiter, par son entremise, les fabuleuses ressources.

Nous sommes, à cette époque, dans l'euphorie du guano... La fiente durcie des oiseaux de mer, enrichie par les arêtes des millions de poissons consommés et transformés par ces volatiles, constitue un magnifique engrais qu'on vend à un prix fort avantageux. Les petites îles perdues, conchiées pendant des siècles par des nuées de cormorans, goélands et autres albatros que leurs ailes de géant n'empêchent pas de digérer, sont couvertes d'une vraie gangue de cette chiure précieuse : elles suscitent donc les convoitises des puissances, qui encouragent aventuriers, trafiquants, *beachcombers,* à prendre pied sur toute émergence où la fumure océanique s'accumulerait en un gisement exploitable. Cette nouvelle ruée vers l'or, version maritime et scatologique, a même provoqué une authentique guerre navale entre l'Espagne, le Chili et le Pérou. La folie du guano a aussi fait la fortune de quelques audacieux et c'est ce qui amène Josuah William North en Nouvelle-Calédonie, d'où il compte gagner les Chesterfield avec les sous du sieur Desmazures.

Alcide-Jean accepte de prêter, trinque, sympathise, offre en riant quelques tournées à son compagnon puis, quand l'Anglais roule enfin sous la table, fait rapidement voile vers Nouméa pour avertir le gouverneur de l'annexion qui se prépare.

Les Chesterfied ? L'administration française ne s'en était guère préoccupée jusqu'alors. On savait les situer sur la carte, en bordure orientale du bassin de Tasman, à 600 km à l'ouest de l'extrémité nord de la Grande-Terre calédonienne, c'est-à-dire, en vérité, plus proches des colonies britanniques d'Australie que de Nouméa… Leur superficie totale atteint péniblement le kilomètre carré, à condition d'additionner patiemment les métrages d'une bonne soixantaine d'îles, îlots, rocs et bancs sablonneux qui s'étalent, presque à fleur d'eau, sur 20 000 km^2 d'étendues océaniques. Au nord, les récifs Bampton, que termine la sinistre caye Skeleton. Au sud, les récifs Bellona. Au centre, les îles Chesterfield proprement dites, dont les deux îles Avon, l'île Longue, l'île du Passage et l'îlot Loop. Avec une toponymie pareille, comment l'archipel n'est-il donc pas déjà britannique ?

C'est très certainement à l'Anglais Philip Dorner Stanhope, quatrième comte Chesterfield, homme d'État *whig* et savant homme de lettres, que ce territoire oublié doit son nom ; mais ce baptême s'est fait très indirectement, car c'est d'abord à un navire baleinier de cent-quatre-vingts tonneaux qu'a été donné le patronyme de l'honorable lord, en 1791. Fierté de l'armateur Duncan, qui le confie au capitaine Alt, le *Chesterfield* flambant neuf quitte son port d'attache, Londres, pour passer le cap de Bonne-Espérance et rallier Port-Jackson, à la Nouvelle-Hollande — aujourd'hui Sydney, en Australie.

Taillé pour la chasse à la baleine, le navire va pourtant faire du commerce. Le capitaine Alt, en effet, se rend compte que la colonie anglaise a soif. Il y a des guinées à se faire en la ravitaillant depuis Batavia, aux Indes néerlandaises, où les barriques de rhum se négocient à bon marché. Il convainc son homologue le capitaine Bampton, commandant le *Shah Hormuzear*, et bientôt les deux navires cinglent de conserve en direction de l'Insulinde.

Le 2 juin 1793 toutefois, ils frôlent la catastrophe. Dans cette zone infréquentée du Pacifique qu'ils ont tenté de traverser, des colonnes d'écume signalent la présence d'écueils dangereux, que les deux loups de mer évitent de justesse. Ils en notent les positions, sans chercher à débarquer ni à étendre le domaine du roi d'Angleterre, mais seulement à sauver leur peau. Le capitaine Bampton donne son nom aux récifs qui ont failli le couler ; le capitaine Alt, plus modeste, ou jugeant peut-être son état civil trop abrupt, préfère léguer à l'archipel le nom de son bateau. Point d'îles Alt : longue vie à l'archipel Chesterfield !

En France au même moment, la Terreur bat son plein ; Danton vient de passer sous le couperet de la guillotine et Robespierre n'est plus qu'à deux mois de connaître le même sort. La France républicaine est en guerre avec l'Europe monarchique, où nul ne se soucie de la mince découverte des trafiquants de rhum.

Les *Chesterfield islands* ne feront donc plus parler d'elles qu'épisodiquement, au fil des naufrages qui vont donner un triste renom à ce parage. Trois baleiniers au moins s'y fracassent, le *Madeira Packett* en 1831, l'*America* en 1839, le *Pocahontas* en 1846, avant la terrible catastrophe du *Grimneza* en 1854 : ce bâtiment péruvien transporte huit cents coolies chinois, à destination de Callao ; six cent cinquante mourront de faim et de soif sur les Chesterfield, où quatre mois plus tard un navire de passage recueillera les survivants, squelettiques et frappés de calenture.

L'archipel, en ces temps héroïques, est surtout fréquenté par des baleiniers, qui y poursuivent cachalots et jubartes. Ces harponneurs d'aspect fruste et buté, aussi peu lettrés que peu soucieux de divulguer les bons coins de pêche à leurs rivaux, n'ont guère laissé de témoignages écrits, mais nous devons à l'un de leurs médecins du bord la première description en français de ces îles, si mal connues qu'il les orthographie en deux mots : Chester-Field. Un champ de fromage, l'archipel ? Il en a l'odeur, tant les oiseaux de mer le criblent abondamment de leurs déjections, mais à ce détail près, c'est un pays de Cocagne que découvre le Dr Thiercelin. Médecin du *Gustave,* celui-ci survient au moment où les campagnes baleinières commencent à péricliter : les cétacés se font rares, la concurrence devient rude, les industriels d'Europe ont commencé d'utiliser des oléagineux artificiels qui rendent anachronique la course à l'huile animale. Au moins son périple lui vaut-il quelques moments de surprise et d'émerveillement.

« Le 20 juillet 1863, écrit-il, nous étions en vue du récif. Nous avions devant nous la petite passe de l'ouest. Nous voyions les navires qui nous avaient précédés dans la baie. À leurs pavillons nous avions reconnu des Anglais, un Américain et un Français. Ç'avait été pour nous un spectacle tout étrange que de voir du large, avant de découvrir la terre, les mâts nus des navires qui paraissaient mouillés en pleine mer. Plus tard, quand le récif eut paru sortir de l'eau pour nous laisser le passage, nous eussions pu nous croire devant un mur enchanté et infranchissable. Le capitaine n'osait pas s'engager dans le petit pertuis que nous avions devant nous, craignant de jeter son *Gustave* sur un des nombreux pâtés de corail dont la baie est parsemée. Heureusement le capitaine du *Winslow*, M. Labaste, eut la bonne idée de venir à notre rencontre. Nous vîmes bientôt une pirogue débouquer de la passe et, un moment plus tard, notre compatriote était à bord. »

Grande joie, fête, libations, jusqu'au petit jour : « Au lever du soleil, quand la baie était encore muette et que la lumière déchirait les derniers bancs de brume flottant au-dessus de l'eau, c'était un admirable spectacle de voir, du gaillard et de la grande hune, toute la surface de la baie des Chester-Field. Partout apparaissaient des embarcations et on le concevra sans peine si on se souvient que chaque navire en fournissait quatre. »

Si les marins du *Gustave* ne saignent pas le plus petit baleineau, ils se consolent en descendant à terre, pour y chasser de quoi améliorer l'ordinaire : des tortues, dont la soupe est fameuse, le succulent « râle à bandes », qui rappelle un peu le coq de bruyère, et une multitude d'oiseaux pondeurs, si peu habitués à l'homme qu'ils se laissent saisir sans songer à s'envoler : le marin qui procède à la cueillette du matin attrape la bête à plumes d'un coup sec, « lui presse les flancs et reçoit son œuf dans la main », note Thiercelin, vaguement choqué par la méthode, mais vite amadoué par la ponte du noddi, ce « petit oiseau noir que nous appelions notre poule ».

« Ce charmant petit animal aux œufs tachetés de gris, à l'allure si peu farouche, au petit cri sympathique a gardé dans mon souvenir une place à part. Je lui ai voué une grande reconnaissance. Que d'omelettes avec ou sans rhum, que de salades, que de sauces blanches, de mayonnaises, de pâtisseries, de friandises de toute sorte ne lui devons-nous pas ! Lui et la tortue sont les vrais fondés de pouvoir à Chester-Field. »

Voilà bien les Français !... Trop occupés à récolter les œufs de noddi, à en monter les blancs en neige, à y incorporer une once de rhum, à faire mûrir le soufflé à feu doux dans un ramequin soigneusement beurré, le bon Dr Thiercelin et ses compagnons en oublient tout simplement de hisser les trois couleurs, sur une terre que tous les baleiniers du Pacifique considèrent il est vrai comme leur repaire indivis et neutre, leur réserve de chasse internationale. Aucun drapeau d'aucune nation maritime ne flotte encore sur l'archipel et la situation n'aura pas changé quand, quinze ans plus tard, Alcide-Jean Desmazures avertit Nouméa des intentions britanniques.

En 1878, la Nouvelle-Calédonie n'est française que depuis vingt-cinq ans. Les premiers bagnards sont arrivés il y a moins de quinze ans, bientôt rejoints par les transportés et relégués de la Commune de 1871. La colonisation de la Grande-Terre commence à peine. Faut-il procéder à une prise de possession en bonne et due forme aux Chesterfield, trop éloignées pour être clairement perçues comme une dépendance de la colonie ? Le gouverneur Olry le pense et donne des ordres en ce sens. Il fait appareiller le stationnaire à vapeur la *Seudre,* capitaine Guyon : la plus rapide et la plus prestigieuse unité de sa flottille, celle qui, deux ans plus tôt, a rattrapé en haute mer la chaloupe à vapeur le *Bulari* dont s'était emparé un groupe de communards en fuite vers l'Australie, conduit par les citoyens Trinquet et Allemane...

La mission aux Chesterfield paraît moins périlleuse. Alcide-Jean a obtenu de faire monter à bord ses premiers ouvriers, des Indiens, leurs outils, son associé aussi : bon prince, il fait cause commune avec Josuah William North qui, ayant dessaoulé, a convenu fort pragmatiquement que l'extraction du guano se ferait sous pavillon tricolore.

Partie de Nouméa le 8 juin 1878, la *Seudre* ne met que deux jours à arriver sur zone, mais l'abord se révèle si délicat qu'il faut attendre le 15 juin pour qu'au terme d'une cérémonie qu'on devine grandiose et solennelle, la France prenne possession du territoire.

« Conformément aux instructions qui m'ont été données le 8 juin 1878 par M. le capitaine de vaisseau Olry, commandant la Division navale et Gouverneur de la Nouvelle-Calédonie, après m'être assuré que le pavillon d'aucune nation ne flottait sur l'archipel Chesterfield (des îles Avon aux îlots Mouillage) et qu'aucune occupation antérieure n'avait eu lieu, j'ai pris possession de ces îles au nom du Peuple français », relate de sa plus belle plume le lieutenant de vaisseau Louis Adolphe Guyon, capitaine de la *Seudre*.

« Aussitôt que le pavillon de la France a été arboré sur l'île Longue, il a été salué de vingt-et-un coups de canon et des cris répétés par l'État-Major de la *Seudre* de *Vive la République*. Après quoi le procès-verbal de l'occupation fut dressé en ces termes :

« Ce jourd'hui samedi 15 juin 1878 à 3 heures de l'après-midi,

« Je soussigné Louis Adolphe Guyon, lieutenant de vaisseau, capitaine du transport à hélice la *Seudre,* agissant d'après les ordres de Monsieur le capitaine de vaisseau Olry, commandant la Division navale et Gouverneur de la Nouvelle-Calédonie, déclare prendre possession de l'archipel Chesterfield au nom et sauf approbation du Gouvernement français. En conséquence, le pavillon français est arboré par l'île Longue qui, à partir de ce jour 15 juin 1878, devient, ainsi que ses dépendances, colonie française. La dite prise de possession est faite en présence de MM. les officiers du transport à hélice la *Seudre,* Vallée, lieutenant de vaisseau, Philibert et Rozier, enseignes de vaisseau, Defaut, médecin de 2e classe, Duval, aide commissaire et des émigrants Alfred Bellais, capitaine au long cours, William North, capitaine anglais, Charles Peterson Stewart, ancien pilote calédonien, qui en demandent la concession pour exploiter le guano et qui ont immédiatement commencé leur installation avec les matériaux débarqués de la *Seudre* depuis la veille. » Suivent les signatures, dûment estampillées du seul cachet officiel disponible à bord : « Marine et Colonies — Service à la mer ».

Le procès-verbal ne mentionne aucune soupe à la tortue, aucune omelette de noddi parfumée au rhum, ce qui ne signifie pas que les conquérants des Chesterfield ne festoyèrent point ce jour-là. Mais le gouverneur souhaite un acte de souveraineté, étatique et sérieux, qui sera enregistré le 25 octobre 1878.

Dès le 19 juin, la *Seudre* est de retour à Nouméa. Aucune gloire, d'ailleurs, ne rejaillira sur le capitaine Guyon ni sur son vaillant équipage : la grande révolte indigène du chef Ataï vient de commencer, faisant passer au dernier rang des préoccupations locales la mise en valeur d'un lointain archipel malodorant...

Hélas ! ingrate patrie ! Pour son dévouement, Alcide-Jean Desmazures est payé en roupie de sansonnet, puisqu'il n'obtient de l'État que la concession du guano récolté sur la colonie nouvelle qu'on doit à son zèle patriotique.

Mesquinerie bien française, le contrat prévoit même une imposition d'un franc par tonne de guano extrait : les îles Chesterfield, à peine réunies à la France, découvrent les joies de la fiscalité… Or, qui dit impôt, dit contrôle : décidément bien mal récompensé, le contribuable Desmazures doit prendre à sa charge le transport et l'entretien d'un agent de l'État chargé de surveiller l'exploitation, afin de calculer l'assiette et la quotité de sa redevance au Trésor public !

Il faut tout de même saluer le génie administratif d'une nation qui, à peine a-t-elle mis le pied sur une terre nouvelle, y crée un poste de percepteur pour y taxer le guano… L'écrivain néo-calédonien Philippe Godard, en scrutant les rôles d'équipage et de passagers, a repéré le débarquement aux Chesterfield d'un couple Martin qui semble bien venir occuper ce poste mirifique, tel qu'aucune administration n'en pourrait plus proposer de nos jours…

Une pensée à toi, Monsieur Martin, brave fonctionnaire de la République, venu avec tes registres, tes buvards et tes tampons, flanqué de ta légitime, pour collecter la taxe sur la fiente séchée d'oiseau de mer ! Avais-tu voulu, demandé, brigué cette mutation, étonnant Monsieur Martin ? Aurais-tu par hasard intrigué auprès d'un député, d'un ministre, trop habile Monsieur Martin, croyant trouver là une sinécure enchanteresse, à l'ombre des cocotiers, à deux jours de navigation du petit chef le plus proche ? Ou alors, pauvre Monsieur Martin, quelle bévue, quelle malversation, quel scandale de mœurs t'avait donc valu pareille relégation, en cette affectation disciplinaire, au milieu d'une mine à ciel ouvert coupée de toute société fréquentable ?

Et Mme Martin, comment occupait-elle son désœuvrement sur les vingt hectares de l'île Longue, sans commerces, sans distractions, sans autre femme à qui parler ? Récriminait-elle, regrettait-elle ce mariage désastreux avec un contrôleur des productions stercoraires assurément sans avenir, ou bien sut-elle trouver le bonheur aux Antipodes ? Courait-elle nue le long des plages, exposant sa chair rose aux embruns sous le soleil brûlant du Pacifique — s'offrant aux coolies, aux contremaîtres, sur des tas de guano fraîchement concassé par ces rudes excavateurs de l'extrême ? Était-il cocu, l'agent du fisc ? Ou bien les époux Martin réussirent-ils l'exploit de transporter au bout du monde, dans la nature sauvage et grandiose des Chesterfield, l'existence paisible et sans histoire du rond-de-cuir moyen, grattant le papier des Contributions directes et indirectes avant de déguster le noddi au riz patiemment mijoté par madame — touchante scène de conjugalité ordinaire, hélas environnée de miasmes fétides, sous une tente constamment bombardée de matières puantes par des volées de palmipèdes occupés à reconstituer les couches de guano enlevées ?

L'absence de sources écrites nous réduit aux hypothèses sur le séjour du ménage Martin aux îles Chesterfield, mais les deux seules indications objectives dont dispose l'historien ne peuvent qu'incliner au pessimisme : ils rembarquèrent au bout de trois mois et n'eurent jamais de remplaçants.

Débarrassé des Martin, l'archipel redevint le paradis fiscal qu'il avait toujours été, pour le plus grand profit d'Alcide-Jean Desmazures. L'exploitation continua, sous le régime d'une simple déclaration : les tonnages avoués au fisc tombèrent alors à un niveau étonnamment bas, tandis que la rumeur faisait état de navettes discrètes vers l'Australie, où des cargaisons d'engrais issu de l'aviculture biologique pouvaient être négociées en franchise d'impôt. On fait contrebande de tout...

L'horrible soupçon finit par atteindre les hautes sphères administratives de Nouméa, motivant un rapport du 20 juillet 1886 signé du Chef du service des Domaines de l'État, M. Carcopino-Tusoli. Celui-ci est le père d'un jeune Francis, qui sous le nom abrégé de Carco, va devenir l'écrivain des durs, des tatoués, des franches canailles : élevé au milieu des bagnards de Nouvelle-Calédonie, nourri de leurs histoires et de leur bizarre argot, il fera le voyage inverse des convois pénitentiaires, remontant aux sources de la truanderie, sur cette Butte Montmartre dont il deviendra l'une des figures littéraires. M. Carcopino-Tusoli père quant à lui, Corse digne et sévère, homme de devoir et dépositaire de l'autorité publique, n'a aucune sympathie pour les tricheurs et les margoulins, fussent-ils à l'origine d'une expansion territoriale, et son rapport en témoigne : « Il est impossible d'admettre, Monsieur le Gouverneur, qu'aucune exploitation de guano n'avait été faite à partir des îles Chesterfield depuis le mois de mai 1883 jusqu'à ce jour. Je déplore qu'aucune sanction ne puisse être prise à l'égard des contrevenants, la prescription les mettant hélas à l'abri des poursuites. En conclusion, j'ai l'honneur de vous proposer, Monsieur le Gouverneur, que le poste d'agent de surveillance soit rétabli. »

On ne trouva pas de nouveaux Martin cependant, l'exploitation du guano prit fin avec l'épuisement des couches les plus substantielles et, pendant plus d'un siècle, on ne s'occupa plus des îles Chesterfield.

Aujourd'hui, elles sont considérées comme une dépendance de la Nouvelle-Calédonie. Plus personne, depuis Alcide-Jean Desmazures, ne s'est risqué à une exploitation quelconque de ces solitudes. Le gouvernement français a bien installé une station météo sur l'îlot Loop, mais elle est automatique. Nul ne semblait vouloir fréquenter l'archipel désertique, jusqu'à ce qu'un groupe de radioamateurs en redécouvre les charmes sauvages.

En mai 2001 débarque en effet, avec deux tonnes de matériel, une équipe de quatre « chasseurs d'ondes », comme on appelle ces passionnés dont la manie bizarre et cependant inoffensive consiste à émettre sur des ondes encore vierges. Ceux-là se passent bien de « vahinés à poils » : leurs plaisirs sont plus nobles ou, du moins, plus compliqués. Ces déflorateurs de fréquences, ces sulamites du monde hertzien sont constamment à la recherche de terres impossibles et inaccessibles. Les Chesterfield leur semblent, de ce point de vue, un nirvana. L'expédition a été annoncée aux amateurs *via* Internet ; des milliers de messages s'échangent depuis un îlot sans nom que les radioamateurs, grisés par leur succès, décideront d'appeler « l'île des Ondes ».

Et voilà la vraie richesse des Chesterfield. À part les plus considérables, la plupart des îles n'ont jamais été baptisées. Toute fantaisie est donc laissée aux apprentis explorateurs qui viendraient à échouer sur ces brisants. N'importe quel Robert Dupont, y débarquant, peut faire figurer sur les cartes marines une « île Robert-Dupont » ! Un pataphysicien égaré y trouvera l'île Ubu, un amoureux éperdu l'île Josiane, des bibliophiles aventureux les récifs Curiosa... Tout est permis.

Et cet état de liberté onomastique confine d'autant plus à l'anarchie que le statut administratif des Chesterfield semble encore des plus flous. « Depuis plusieurs années que je suis ici, m'a confié, perplexe, un fonctionnaire du Haut-Commissariat de la République à Nouméa, je n'ai jamais entendu parler d'un quelconque acte d'administration, au sens juridique du terme, relatif à ces îles. » Le groupe des Chesterfield dépend de la Nouvelle-Calédonie, soit : il est mentionné à l'article premier de la loi organique du 19 mars 1999 régissant le territoire. Il apparaît aussi dans le « projet de constitution pour Kanaky » rédigé par les indépendantistes, au cas où. En revanche, après déballage et consultation de nombreux documents poussiéreux, il apparaît que nul n'a jamais pris la peine de rattacher les îles Chesterfield à l'une ou l'autre des collectivités locales néo-calédoniennes. Non, les îles Chesterfield n'appartiennent à aucune des trente-trois communes, à aucune des trois provinces de la Nouvelle-Calédonie.

Au vague prétexte qu'il est inhabité, l'archipel n'est qu'un simple « élément du domaine public néo-calédonien », sans identité propre et sans code postal. Objet administratif non identifié, les îles Chesterfield vivent encore dans la prime enfance du droit.

LA FRANCE INTERMITTENTE

DE L'ÎLE DES FAISANS À L'ÎLE JULIA SANS AVALISER L'INACCEPTABLE SÉCESSION DE CARNEVALIS

Joie ! Orgueil ! Victoire ! Chaque 1er août, à zéro heure, l'empire de la loi française s'agrandit de trois mille mètres carrés : trente ares de souveraineté supplémentaires, 0,003 km^2 conquis sans qu'il en coûte rien, sans effusion de sang.

Hélas ! cette annexion exemplaire ne dure que six mois et, le 31 janvier suivant à minuit, le territoire gagné est rétrocédé à l'Étranger. Sans tambour ni trompettes, sans les vingt et un coups de canon protocolaires, mais par un simple courrier administratif.

Depuis plus d'un siècle en effet, l'île des Faisans passe ainsi, semestriellement, de la France à l'Espagne et de l'Espagne à la France, en application de la convention de Bayonne du 27 mars 1901, signée en vue de « mettre fin à l'état d'incertitude où on se trouve touchant les droits de police et de justice de chacun des deux Pays dans cette île ». Lequel état d'incertitude remonte fort loin dans l'histoire des relations franco-espagnoles. Située sur le cours de la Bidassoa, entre Hendaye et Irún, l'île des Faisans sert depuis longtemps de zone tampon entre les deux puissances. C'est là qu'en 1525, fait prisonnier à Pavie, François Ier fut rendu à l'affection de ses sujets après paiement de sa royale rançon. Là encore qu'en 1615, la fille d'Henri IV promise au roi d'Espagne et la sœur d'icelui promise au Dauphin de France furent solennellement échangées. Là enfin qu'en 1659, Louis XIV et le roi de Castille se rencontrèrent pour signer le traité des Pyrénées, qui fit de l'île un condominium franco-espagnol.

Ce n'est donc pas à proprement parler le territoire qui change de nationalité tous les six mois, mais son administration. Propriété commune des deux États riverains, l'île des Faisans est en indivision perpétuelle entre Paris et Madrid. Durant son semestre français, elle ne relève donc ni de la municipalité d'Hendaye, ni du département des Pyrénées-Atlantiques, ni de la région Aquitaine, mais directement de l'autorité suprême. Des conflits entre pêcheurs des deux rives ayant montré la nécessité d'une administration plus déconcentrée, les pouvoirs de police ont été délégués aux autorités navales des deux pays.

Comme au temps des colonies, c'est donc la Marine nationale qui exerce le pouvoir régalien sur l'île, administrée pour la France par le capitaine de frégate commandant la station navale de l'Adour. « Administrée, c'est un bien grand mot, sourit l'intéressé. L'île fait deux cents mètres de long sur environ trente de large. Que voulez-vous qu'il s'y passe ? L'accès en est d'ailleurs interdit. Nos responsabilités se limitent à l'entretien des pelouses et des berges. Il y a un petit parc, avec de beaux arbres et quelques canards… »

C'est là une vérité qu'on ne saurait celer : l'île des Faisans n'est habitée que par des canards… Au vrai, le mot « faisans » ne désigne pas en l'occurrence le gibier qu'on croit, mais les diplomates, c'est-à-dire les « *faisants* », ceux qui ont le pouvoir de faire... Et quand un « *faisant* » rencontre un autre « *faisant* », que font-ils ? Des « faceries » bien sûr, qui ne sont ni des facéties ni des fâcheries, mais des actes diplomatiques tenant un peu des premières et visant à prévenir les secondes. Une « facerie » est un traité, comme il s'en concluait jadis, de part et d'autre des Pyrénées, pour régler la pêche au saumon sur les cours d'eau frontaliers ou mettre en commun des pâturages. Des traités internationaux, mais signés de village à village, de vallée à vallée : des accords européens de coopération transfrontalière, comme on dirait aujourd'hui.

On doit à ces survivances médiévales plusieurs curiosités administratives le long de la frontière franco-espagnole. C'est ainsi qu'Ondarolle, hameau français, est aussi paroisse espagnole et, donc, concordataire. Au sud d'Urepel, les deux cent cinquante hectares du Pays Quint forment un territoire espagnol dont les — rares — habitants naissent et demeurent Français : s'ils payent leurs impôts fonciers à l'Espagne, ils doivent en revanche la taxe d'habitation à la France...

Par ailleurs coprince d'Andorre, le président de la République française règne ainsi féodalement sur quelques vallées hispaniques, grâce à l'extraordinaire inventivité par laquelle les diplomates des deux pays riverains parvinrent à résoudre à l'amiable les contentieux pyrénéens.

Ce statut merveilleusement équilibré de l'île des Faisans et des territoires circonvoisins devra sans doute être un jour reproduit sur la frontière franco-allemande. Entre Sarreguemines et Sarrebrück en effet, c'est le cours de la Sarre qui délimite les deux pays. Or, l'apparition sur cette rivière d'un banc de vase non prévu par les traités a créé une nouvelle zone de non-droit. L'îlot n'émerge que quelques mois par an, mais cet affleurement périodique a suffi pour qu'en 1984, un groupe d'Allemands festifs y autoproclame l'indépendance de la « république de Carnevalis ». Le territoire, quand il existe, a tout juste la dimension requise pour accueillir son Conseil des ministres, qui s'y tient en effet, chaque membre arborant à cette occasion une splendide paire de bottes jaunes : ingérence inacceptable sur cette terre qui, pour moitié au moins, doit être considérée comme française. À noter qu'un condominium avec Berlin la rendrait deux fois intermittente, juridiquement et physiquement.

* * *

Soyons intransigeants, en revanche, sur la question de l'île Julia. Pas question de partager ce territoire français potentiel, qui gît au large de la Sicile, par 37° 10' 18" de latitude Nord et 12° 43' 13" de longitude Est.

L'affaire remonte au 30 juin 1831, quand des pêcheurs siciliens observent un intense bouillonnement sous-marin : tout un secteur de la Méditerranée se transforme en une vaste bouillabaisse et, le 1er juillet, dans une forte odeur de soufre et de poisson cuit, une île volcanique naît en eaux libres. Providence de la presse, ce fait divers estival a dans toute l'Europe un certain retentissement, si bien que le gouvernement de Louis-Philippe décide d'éblouir l'opinion publique par une conquête pacifique et éclairée.

Le brick la *Flèche* cingle bientôt vers l'île nouvelle, emportant à son bord une équipe de savants. Symboliquement, le commandement en est confié au capitaine La Pierre : non pour son patronyme sur lequel nul ne se permettrait d'ironiser, mais parce que ce marin cultivé a servi dans sa jeunesse sous les ordres du grand Bougainville.

« Après une navigation que le mauvais temps et des vents presque toujours contraires ont rendue pénible, nous arrivons aujourd'hui à Malte ; le paquebot pour Marseille devant partir demain matin, je profite de cette occasion pour donner à l'Académie une relation abrégée de notre voyage, et des observations que nous avons pu faire sur le nouveau volcan des côtes de Sicile », écrit le géologue Constant Prévost, âme de l'expédition. Reçu aux Tuileries par le roi et la reine des Français avant son départ, cet élève de Cuvier s'est porté volontaire pour l'expédition. Cet esprit romantique veut prouver que les grandes forces telluriques qui ont façonné la Terre sont toujours à l'œuvre. Il souhaite observer de près la formation d'un sol neuf et il sera servi :

le compte rendu qu'il poste à la *Revue des Deux Mondes* se lit comme le reportage d'un moderne qu'un prodige aurait renvoyé aux ères antédiluviennes.

« Partis de Toulon le 16 septembre à une heure, nous ne parvînmes que le 25 au matin à la hauteur de l'extrémité occidentale de la Sicile, après avoir côtoyé d'abord les îles d'Hyères, et traversé le canal qui sépare la Corse de la Sardaigne, dont j'ai vu les rives correspondantes avec un intérêt qui me donne le plus vif désir de les examiner de plus près.

« Dans la matinée du même jour, nous dépassâmes l'île Maritimo, et le soir sur les cinq heures, la vigie placée dans les mâts signala une terre de laquelle il voyait s'élever de la fumée ; étant montés sur les hunes, nous aperçûmes en effet très-distinctement l'île, qui avait assez bien la forme de deux pitons réunis par une terre plus basse.

« Nous étions à dix-huit milles, et nous voyions par moment des bouffées d'une vapeur blanche qui s'élevaient, du côté du sud principalement, à une hauteur double de celle de l'île. À plusieurs reprises, et lorsque nous étions sous le vent, nous sentîmes une odeur sulfureuse plus analogue à celle du lignite pyriteux en combustion qu'à celle de l'hydrogène sulfuré.

« Le 26 septembre, le vent étant contraire et la mer très-grosse, nous fûmes obligés de nous éloigner ; dans la nuit du 26 au 27, nous fûmes même assaillis par une tempête affreuse ; les vagues passaient par-dessus le pont, et il n'était aucun point de l'horizon qui ne fût éclairé par des lueurs électriques et sillonné par des éclairs ; le tonnerre roulait continuellement, mais sans éclats vifs. Je passai cependant toute la nuit dans les bastingages, les yeux fixés sur le point où devait se trouver le volcan, pour voir si quelque lueur s'en échappait ; mais je n'aperçus aucun indice d'éruption lumineuse : seulement l'odeur sulfureuse, qui arrivait par intervalle jusqu'au bâtiment, était suffocante.

« Le 27 au matin, nous parvînmes à nous rapprocher, malgré une mer très houleuse ; vers midi, nous étions à huit milles environ : alors nous tournâmes l'île, et pûmes prendre un grand nombre de vues sous différents aspects. Elle paraissait comme une masse noire, solide, ayant tantôt la forme d'un dôme surbaissé, dont la base était triple de sa hauteur, tantôt celle de deux collines inégales séparées par un large vallon ; ses bords s'élevaient à pic, excepté du côté d'où la vapeur sortait avec plus d'abondance : celle-ci s'échappait visiblement de la surface de la mer elle-même, à une assez grande distance (trente à quarante pieds).

« Les arêtes vives des escarpements, la couleur d'un brun brillant, et parfois gras de ces faces abruptes, la forme générale de l'île, rappelaient un massif de rochers solides, et si, me laissant guider par l'analogie, je m'en était tenu à des conjonctures, j'aurais cru avoir sous les yeux un cirque formé par du basalte, de la serpentine ou du porphyre, figurant un véritable cratère de soulèvement, dans le centre duquel l'eau de la mer serait venue s'engouffrer, ainsi qu'on l'a avancé dans des relations précédentes ; toutes ces apparences m'auraient conduit à une erreur, ainsi que les observations des jours suivants me le montrèrent.

« La nuit du 27 au 28 fut encore très orageuse et la mer était très forte ; le 28 au matin, nous pûmes cependant approcher jusqu'à deux milles, et voir alors distinctement que la vapeur s'élevait, non seulement de la mer, mais encore d'une cavité séparée de celle-ci par un bord très-mince, du côté sud. »

Masse noire de scories encore tièdes, environnée de vapeurs sulfuriques, la terre promise du roi Louis-Philippe n'a rien de très engageant. Les eaux, d'un jaune verdâtre, sont encore très agitées.

« À midi, la mer était un peu tombée ; le capitaine voulut bien faire mettre un canot à notre disposition. Il en confia le commandement à M. Fourichon, son second et lieutenant de frégate, et à M. de Proulereoy, élève de première classe. Je m'embarquais avec M. Joinville ; et conduits à la rame par huit matelots expérimentés et courageux, en moins d'une heure, nous arrivâmes sur les brisants ; nous reconnûmes que ceux-ci étaient produits par la lame qui venait frapper avec force contre une plage courte et terminée brusquement par une pente rapide, et non par des roches solides. L'eau vert-jaunâtre dans laquelle nous étions, et qui était couverte d'une écume rousse, avait une saveur sensiblement acide, ou du moins moins amère que celle de la grande mer ; sa température était aussi plus élevée, mais de quelques degrés seulement (de 21 à 23°). Nous sondâmes à environ trente brasses du rivage, et nous trouvâmes le fond à quarante ou cinquante brasses. »

Reste à débarquer sur l'île infernale, parmi les vagues qui « semblaient s'élancer en vapeur dans l'atmosphère », relate le géologue, impressionné. « Les marins pensèrent, d'un commun accord, qu'il y aurait imprudence à tenter le débarquement dans ce moment, et qu'inévitablement l'embarcation chavirerait.

« Nous n'étions qu'à quarante brasses de l'île ; je pus bien, à cette distance, me convaincre qu'au moins, pour la partie que nous avions sous les yeux, l'île était formée de matières meubles et pulvérulentes *(cendres, scories)*, qui étaient retombées, après avoir été projetées en l'air pendant les éruptions.

« Je n'aperçus aucuns indices de roches solides soulevées ; mais je reconnus bien distinctement l'existence d'un cratère en entonnoir, presque central, duquel s'élevaient d'épaisses colonnes de vapeur, et dont les parois étaient enduites d'efflorescences salines blanches.

« Nous allions nous éloigner avec le regret de ne pouvoir emporter au moins quelques échantillons de ce sol si nouveau et si effrayant, lorsqu'un matelot proposa d'aller à la côte à la nage ; on l'attacha avec la ligne de sonde, et en quelques minutes, après avoir disparu d'abord sous la lame, et dans la vapeur épaisse qui s'en échappait, il arriva sain et sauf sur la plage ; il nous fit signe que celle-ci était tellement brûlante, qu'il ne pouvait y tenir les pieds. M. Fourichon ne put résister au désir d'aller chercher lui-même des échantillons, il se jeta à la nage, et fut suivi de M. Proulereoy, et d'un second matelot, qui emporta avec lui un panier, un marteau et une bouteille. »

Constant Prévost, regrettant « bien vivement de n'être pas assez bon nageur pour pouvoir suivre un pareil exemple », reste dans le bateau à prendre des croquis, avec M. Joinville, le peintre de l'expédition.

« Nos intrépides compagnons s'élevèrent jusqu'au bord du cratère, marchant sur des cendres et des scories brûlantes, et au milieu des vapeurs qui s'exhalaient du sol, ils nous annoncèrent que ce cratère était rempli d'une eau roussâtre et bouillante, formant un lac d'environ quatre-vingts pieds de diamètre ; enfin ils revinrent à nous, après nous avoir fait passer, au moyen de la corde, un panier rempli d'échantillons.

« On n'avait vu que des cendres et des scories ; cependant, parmi les morceaux rapportés, je trouvai un fragment de calcaire blanc, ayant tous les caractères de la dolomie ; je conçus dès lors l'espoir de trouver quelques roches soulevées et modifiées par l'action volcanique, et je me décidai à tenter une nouvelle expédition, si le temps plus beau et la mer plus calme le permettaient le lendemain.

« Dans la nuit du 28 au 29, nous fûmes portés par des courants vers les côtes de Sicile, et nous nous trouvâmes le matin à plus de six milles du volcan, sans pouvoir en approcher davantage ; le calme étant survenu, un canot fut de nouveau mis à la mer vers dix heures, j'avais fait mes préparatifs, fait disposer des bouteilles, des flacons, des boîtes de fer-blanc ; nous prîmes des thermomètres, et une machine faite à bord pour puiser l'eau à différentes profondeurs. Cette fois, le capitaine confia la conduite de l'expédition à deux de ses officiers, MM. Aragon et Barlet ; MM. de Franlieu, élève de première classe ; Baud, chirurgien major ; Derussat, commissaire, nous accompagnèrent ; nous fûmes conduits par le maître canonnier et huit matelots d'élite, parmi lesquels se trouvaient les deux qui avaient été à terre le jour précédent.

« Cette petite expédition était une véritable fête pour tout l'équipage. On embarqua une barrique d'eau, du vin, de l'eau-de-vie, du biscuit, et nous partîmes gaiement avec l'assurance que notre excellent capitaine, qui allait veiller sur nous, nous enverrait des secours, si nous en avions besoin. »

Enfin, toute l'équipe foule cette terre vierge, qu'on mesure et qu'on baptise. « Et comme le phénomène a paru dans le mois de juillet, nous convînmes de désigner la nouvelle île sous le nom de Julia, nom sonore, dont la terminaison italienne et harmonieuse peut facilement être adoptée par les habitants les plus rapprochés. »

Sous une forme latinisée, l'île « de Juillet » rend aussi un discret hommage à la monarchie du même nom, dont les prétentions seront inévitablement contestées par le royaume de Naples voisin, mais aussi par l'Angleterre, qui a très tôt manifesté son intérêt pour cette nouvelle Malte. Chacune des puissances a déjà choisi un nom de baptême : pour les Italiens, c'est l'île Ferdinandea, en l'honneur de Ferdinand, roi des Deux-Siciles ; pour les Anglais, c'est l'île Graham, partie émergée du banc éponyme.

Pour parer à toute contestation, un panneau indicateur semble nécessaire… « En conséquence, nous préparâmes, pour le cas où nous serions assez heureux pour aborder, une planche de deux pieds de long ; sur la partie moyenne peinte en blanc, j'écrivis moi-même en lettre de trois pouces de long :

Île Julia.
État-major du brick la Flèche.
MM. Constant Prévost, professeur
de géologie de Paris ;
Joinville, peintre.
27, 28, 29 septembre 1831.

« Sur l'un des bouts de cette planche, nous fîmes clouer une bande de drap rouge, et une autre de drap bleu à l'autre extrémité, toutes deux larges de six pouces. Nous nous munîmes de deux piquets de quatre pieds de long pour les planter dans le sol, et fixer notre écriteau sur les extrémités. »

Le 29 septembre 1831, l'équipage s'emploie donc à planter sur l'île Julia un drapeau français et cet écriteau tricolore, « non pas pour prendre possession, par une vaine et ridicule cérémonie, d'un tas de cendres surgi au milieu des mers, mais pour constater notre présence, et pour apprendre à ceux qui viendront après nous que la France ne laisse pas échapper l'occasion de montrer l'intérêt qu'elle prend aux questions scientifiques dont la solution peut étendre le domaine des connaissances positives. »

Et voilà la France, la vraie France, la seule France ! Tandis que le roi des Deux-Siciles revendique l'île dans le souci égoïste et mesquin de protéger ses côtes, tandis que la perfide Albion ne songe qu'à se donner une nouvelle base sur la route des Indes, la France annexe pour l'amour de l'Humanité.

Abnégation superbe. Certes, la conquête de l'Algérie, engagée en 1827, donnait peut-être un petit intérêt stratégique à la possession d'une île au cœur de la Méditerranée, mais cette préoccupation vulgaire n'apparaît nulle part.

« Vainqueurs de Neptune, nous n'avions plus que Pluton à vaincre », claironne Constant Prévost, qui sillonne la colonie encore en gestation. L'île, qui dessine un ovale de sept cents mètres de circonférence, culmine à soixante-dix de hauteur. On prélève des échantillons de roche, on embouteille un peu d'eau soufrée. En effet, « l'eau contenue dans le cratère paraît être au niveau de la mer, elle est d'un *jaune orange,* couverte d'une écume épaisse. Les scories qui bordent le bassin sont enduites de fer hydroxidé.

« Des vapeurs blanches s'élèvent continuellement, non seulement de la surface de l'eau, qui semble être en ébullition, mais de tout le sol, par de nombreuses fissures. C'est surtout du côté sud que les vapeurs sont les plus abondantes, et, comme je l'ai déjà dit, elles sortent de la plage et de la mer elle-même, en dehors du cratère. Aussi n'est-ce pas sans peine que nous parvînmes à faire le tour de l'île, en passant à travers cette étuve de vapeurs brûlantes et parfois suffocantes ; l'odeur sulfureuse n'était pas toujours sensible lorsque nous étions au centre de la colonne de vapeur. Dans un espace qui peut avoir cinquante à soixante pieds de long, le sable noir de la plage est véritablement brûlant. Le thermomètre indiquait, sur le sol baigné par la mer à chaque flot, une température de 81 à 85°. L'eau qui restait dans des dépressions semblait bouillir ; mais en y plongeant la main, je ne la trouvai pas assez chaude pour qu'elle pût s'évaporer. Enfonçant ma main à quelques pouces dans le sable brûlant de la surface, je le trouvai frais : dans une de ces expériences, l'un de mes doigts s'étant trouvé sur le trajet d'une bulle de gaz ou de vapeur, qui visiblement était partie d'une grande profondeur, je fus vivement brûlé, et convaincu que l'ébullition était produite par des bulles qui venaient de l'intérieur de la terre ; chacune d'elles projetait même, avec une légère détonation, du sable et des grains volcaniques, représentant autant de petits cratères d'éruption. Parmi ces milliers de volcan en miniature, j'en fis remarquer un qui me servit à donner à mes compagnons de voyage une idée de la manière dont l'île *Julia* avait été formée. Il avait environ un pied de diamètre, c'est-à-dire que le sable et les scories lancés continuellement par lui jusqu'à deux pieds de haut, avaient formé autour de la bouche d'éruption une sorte de taupinière d'un pied de base sur cinq à six pouces de hauteur. Je fis ébouler les parois extérieures de ce cône, et j'en fis un cratère semblable à l'île Julia. Je cherchai en vain à enflammer le gaz qui s'échappait ainsi du sol. Il me parut sans odeur ; mais, à quelques pas, des vapeurs sulfureuses sortaient des parois du grand cratère, et déposaient du soufre et du muriate de soude sur les parois environnantes.

« Ne pouvant entrer dans plus de détails, et n'ayant pas encore réuni les matériaux que nous avons en commun, je me bornerai à annoncer que j'ai recueilli tous les échantillons importants, que j'ai pris de l'eau dans des bouteilles qui ont été cachetées de suite : celle du bassin intérieur était à une température de 95 à 98 degrés.

« J'avais promis une prime aux matelots qui

me rapporteraient des cailloux blancs ou jaunes et des coquilles. J'ai rassemblé plusieurs des premiers, et j'en ai trouvé moi-même mêlés avec les produits volcaniques. Ils sont altérés, et ils ont été projetés du fond avec les scories.

« Tout me porte à croire que ce volcan a produit des coulées de laves sous-marines, et si, comme cela est présumable, l'apparition du cratère d'éruption a été précédée du soulèvement du sol, qui paraît avoir été de cinq à six cents pieds au-dessous du niveau de la mer, il doit exister autour de l'île *Julia* une ceinture de roches soulevées, qui seraient le bord du cratère de soulèvement. Peut-être cette nouvelle disposition du fond est-elle la principale cause de la coloration particulière en vert jaunâtre des eaux de la mer, à une assez grande distance de l'île et des courants qui se manifestent autour, et n'existaient pas avant l'apparition du phénomène volcanique.

« Avant de quitter cette terre si récente, et dont l'existence, sans doute éphémère aura excité l'intérêt des observateurs, je voulus contempler encore l'immensité dont nous étions entourés, placé au pied du drapeau de notre chère patrie, je tournai mes regards vers elle ; j'aurais voulu me grandir assez pour que mes amis, mes proches pussent me voir.

« Il fallut descendre, le signal de départ était donné ; il était temps, car la mer, devenue plus forte, menaçait de remplir notre bateau et de l'entraîner.

« Grâce au sang-froid et à l'habileté de nos jeunes officiers, à l'obéissance courageuse de nos matelots, une manœuvre rapide nous fit repasser la barre sans accident... Tandis qu'une partie de l'équipage resta à terre pour lever le grapin, l'autre s'élança dans l'eau avec le bateau pour le maintenir en équilibre et l'empêcher de chavirer ; nos récoltes étaient à bord ; nous étions sauvés ; il fallut seulement que les matelots restés sur l'île avec M. Franlieu nous rejoignissent à la nage.

« En deux heures nous atteignîmes le brick, qui, nous voyant, mit en panne ; la mer était superbe, et les derniers segments du soleil entraient dans l'eau ; lorsque nous montâmes à bord, tout le monde était sur le pont ; on nous attendait avec impatience et anxiété. L'excellent M. La Pierre ne nous avait pas perdus de vue un instant; nous fûmes reçus comme des frères qui reviennent après une longue absence, nous-mêmes nous croyions retrouver une patrie après l'exil.

« La vue du drapeau tricolore flottant sur l'île *Julia* avait excité les acclamations joyeuses de tout l'équipage.

« Il n'est pas un matelot de *la Flèche* qui n'ait dans son sac un échantillon du volcan; il n'en est pas un qui ne comprenne sa formation, tant l'enseignement mutuel a fait de progrès à bord. »

* * *

Peu sensibles à l'avancement des connaissances positives, les Anglais tenteront alors de prendre le contrôle de l'île. « Un vieux lieutenant de frégate, qui avait eu la jambe emportée à Aboukir, et qui depuis ce temps sollicitait une récompense quelconque auprès des lords de l'amirauté, fut nommé gouverneur de l'île Julia, et reçut l'ordre de s'embarquer immédiatement pour se rendre dans son gouvernement, raconte elliptiquement Alexandre Dumas dans *Le Speronare*. Le digne marin vendit une petite terre qu'il tenait de ses ancêtres, acheta tous les objets de première nécessité pour une colonisation, monta sur la frégate le *Dard*, avec sa femme et ses deux filles, doubla la pointe de la Bretagne, traversa le golfe de Gascogne, franchit le détroit de Gibraltar, entra dans la Méditerranée, longea les côtes d'Afrique, relâcha à Pantellerie, arriva sous le 38e degré de latitude, regarda autour de lui, et ne vit pas plus d'île Julia que sur sa main. L'île Julia était disparue de la veille… »

Le 8 décembre 1831 en effet, après seulement cinq mois et une semaine passés à l'air libre, l'île s'enfonçait sous les eaux, engloutissant avec elle le contentieux territorial franco-anglo-napolitain…

Constant Prévost l'avait prévu, d'ailleurs : observant « la coupure à pic des falaises », il concluait « qu'elle est l'effet postérieur des éboulements causés, soit par des secousses imprimées au sol, soit plus probablement par l'action des flots, qui, entraînant les matières meubles, accessibles à cette action, ont successivement ruiné les bords.

Ceux-ci, se trouvant en surplomb, sont tombés ; tous les jours ils se dégradent, et c'est déjà aux dépens des éboulements qu'il s'est formé autour de l'île une plage, sorte de bourrelet de quinze à vingt pieds de largeur, qui se termine brusquement en pente dans la mer.

« D'après cette manière de voir que je viens d'exposer, il est facile de reconnaître que les éboulements continuent à avoir lieu, par la cause qui les produit tous les jours ; l'île s'abaissera graduellement jusqu'à ce qu'une grosse mer, venant à enlever tout ce qui restera au-dessus de son niveau, il n'y aura plus à sa place qu'un banc de sable volcanique, d'autant plus dangereux qu'il sera difficile d'en avoir connaissance à quelque distance. » Et c'est ainsi que le 14 février 1832, *Le Moniteur,* organe officiel du royaume des Français, devra constater tristement que la récente acquisition territoriale de la monarchie est rentrée sous les eaux…

* * *

Mais tout n'est pas perdu.

Déjà signalée en l'an 10 avant Jésus-Christ, puis en l'an 200 de l'Ère chrétienne, l'île Julia n'a peut-être pas dit son dernier mot : devenue une sorte de montagne sous-marine, dont le sommet n'est qu'à huit mètres de la surface des eaux, elle n'a besoin que d'une modeste poussée sismique pour recouvrer son statut de terre émergée. Des témoignages difficilement vérifiables font état de brèves apparitions en 1863, 1893, 1930. Mouvements telluriques, colonnes de vapeur, bulles de gaz chaud : de nombreux indices attestent une constante activité volcanique en ces « champs phlégréens de la mer de Sicile », point de friction des plaques européenne et africaine. Les sismologues, en un mot, jugent possible une prochaine résurgence de l'île.

Le gouvernement de la République doit donc se tenir prêt à faire valoir ses droits. Le 10 juillet 2002, *Le Canard enchaîné* suggérait d'anticiper les controverses qu'une réapparition ne manquerait pas de réactiver, en dépêchant sur place un bâtiment de la Marine nationale, « dont les plongeurs pourraient planter sur le point culminant de l'île engloutie un pavillon tricolore fabriqué dans une matière étanche et ignifugée. À la première éruption, l'île ressortirait indubitablement française, faisant fièrement claquer au vent chaud de la Méditerranée les trois couleurs imputrescibles. »

Quelques semaines plus tard, l'idée était reprise par un groupe d'hommes-grenouilles siciliens, munis d'un drapeau italien. À l'automne, le journaliste anglais Adam Lusher faillit se faire lyncher pour avoir agité un pavillon britannique à l'aplomb de l'île engloutie. L'Europe, c'est bien beau... Mais l'île Julia, terre française intermittente, n'a pas fini de susciter les convoitises.

LA FRANCE PROPRIÉTAIRE

DE L'ÎLE DES PAUVRES DE BARCUS AUX DOMAINES FRANÇAIS DE SAINTE-HÉLÈNE EN PASSANT PAR LE TAUBERGIESSEL

Sur le prestigieux « bureau de Vergennes », c'est une pauvre lettre fourbue, froissée, presque un chiffon, qui vient s'échouer sous les yeux de l'austère François Guizot, ministre des Affaires étrangères du roi Louis-Philippe. Postée de Guayaquil, lointain port équatorien, le 27 juillet 1844, combien de temps a-t-elle mis pour arriver ? A-t-elle franchi la cordillère des Andes par un convoi de mulets, ou à dos de lama, pour remonter ensuite la mer des Antilles et l'Atlantique nord sur de puissants voiliers ? Ou bien a-t-elle pris le bateau tout de suite, pour un long périple à travers le Pacifique, le cap de Bonne-Espérance et l'Atlantique tout entier ?

La voici parvenue à Paris, pauvre missive exténuée, dont le secrétariat du ministre déchire l'enveloppe d'un geste routinier. Ici, les correspondances arrivent du monde entier et ces exploits postaux n'étonnent plus personne. De quoi s'agit-il encore ? Le vice-consul de France à Guayaquil, ce jeune Basque au nom imprononçable… Léon Uthurburu, c'est cela, qui depuis qu'il vit en Amérique du Sud signe « Don Leon Iturburu » pour faire couleur locale. Il se prend donc pour Iturbide, le nouvel empereur du Mexique ?… Et que veut-il donc, ce rastaquouère-là ?…

« Monsieur le Ministre, écrit le vice-consul, il se présente aujourd'hui pour le Gouvernement du Roi une occasion aussi brillante que belle d'acquérir la propriété des îles Galápagos. »

Voilà autre chose, se dit le ministre… Et qu'est-ce qu'on en fera, de ces cailloux-là ?

« Ces îles, que leur situation rend dès à présent si intéressantes comme point de relâche pour les navires qui font la pêche de la baleine dans l'océan

Pacifique, se recommande bien plus encore par la haute importance qu'elles sont appelées à acquérir, du jour où se réalisera la communication projetée entre les deux mers; et pour la France surtout elle aurait l'immense avantage de pouvoir servir de chaînon entre ses colonies transatlantiques et ses nouveaux établissements de la mer du Sud. »

On sent, là encore, l'accablement ministériel à la lecture de ces prophéties géopolitiques. Un canal transocéanique à travers l'isthme de Panamá ? Il rêve, cet homme-là, pas demain qu'on percera une route maritime entre les Antilles et Tahiti... L'argent public, c'est sérieux, mon jeune ami; on n'achète pas des bases navales sur des visions aussi utopiques...

« Bien convaincu que le Gouvernement doit posséder tous les renseignements désirables sur la situation, le climat et les ressources variées que renferme cet archipel, j'omettrai ici tout détail descriptif pour me circonscrire uniquement à l'exposé des circonstances dont dépend l'aliénation des Galápagos, et à l'indication de la manière la plus convenable de s'en rendre acquéreur. »

Enfin, il abat son jeu, le vice-consul : « L'administration actuelle de l'Équateur, dont la force armée constitue le seul appui, réduite par la pénurie de ses finances à la funeste extrémité ne plus pouvoir satisfaire avec exactitude la paye du soldat, se voit, dans l'intérêt de sa conservation, obligée à chercher en dehors de ses ressources ordinaires les moyens de se soutenir ; et, à défaut de terre communale presque toute déjà vendue là où elles avaient quelque valeur, paraît résolue à aliéner les îles Galápagos, dont les avantages que d'abord elle s'exagérait ont été bientôt reconnus ne pouvoir être qu'illusoires dans ce pays pauvre en marine et sans perspective probable de la voir se développer avant longtemps.

« À cette impérieuse considération d'existence qui met le Gouvernement de l'Équateur dans la nécessité de vendre l'archipel des Galápagos, nécessité qu'il couvrira naturellement du prétexte de l'intérêt public, s'en joint une autre non moins puissante, la situation financière privée du chef de l'État. Vaniteux et prodigue par caractère et de plus porté aux spéculations et aux innovations trop souvent ruineuses pour quiconque s'y livre le premier dans un pays aussi arriéré que celui-ci, le général Flores se trouve sans cesse aux prises avec des embarras pécuniaires et par là-même toujours disposé à exploiter les avantages attachés à l'influence illimitée qu'il exerce dans les affaires de cette République. »

Quel tableau ! Quel homme d'État, ce général d'opérette !... Et il faudrait que la France traite avec cette engeance ?

« Il a entrevu qu'en vendant les Galápagos aux étrangers, il lui reviendrait tout au moins un pot-de-vin considérable et cet espoir s'est accru à la suite d'offres qui lui ont été faites par des capitalistes anglais du Chili, immédiatement informés par leurs correspondants des intentions du Gouvernement de l'Équateur.

« J'ai eu l'occasion de m'entretenir de cette affaire avec le Président, et entrevoyant un instant les avantages que la France pourrait retirer de la possession des Galápagos, je profitai de la confiance dont il m'honore et de l'espèce d'intimité qu'une longue connaissance et d'anciennes relations de toute espèce ont établies entre nous, pour le fortifier dans ses intentions ; mais en même temps, je lui ai conseillé de ne rien précipiter et de chercher à rendre plus vraisemblable le coloris d'intérêt public qu'on prétend donner au marché en en faisant servir le produit non seulement au soulagement actuel du Trésor, mais encore au rachat d'une partie de la dette étrangère, opération qui, en relevant le crédit extérieur de l'État deviendrait aussi l'occasion de lucre pour les personnes qui conduiraient la négociation. »

Voilà un simple vice-consul qui s'occupe de haute politique, sourit sans doute Guizot à ce passage-là... Il a tout compris au principe des privatisations, ce petit monsieur... Il en deviendrait presque convaincant...

« Mes observations paraissent avoir eu plein succès sur l'esprit du Président car, après m'avoir écouté, il m'a d'abord proposé et ensuite engagé de la manière la plus pressante à me mettre à la tête de cette affaire, me promettant de ne prendre au moins avant dix mois aucune résolution définitive touchant la vente des Galápagos, toutefois que les embarras croissants du Trésor ne forceraient pas l'administration à accepter les premières propositions raisonnables de quelque part qu'elle lui fussent adressées.

« C'est ce sursis que je visai à obtenir dans l'intérêt des prétentions que la France pourrait avoir à l'archipel ; et je m'empresse d'informer Votre Excellence de l'assurance que j'ai reçue afin que le Gouvernement du Roi ait le temps de se mettre en mesure pour n'être devancé par personne et surtout par les Anglais qui convoitent déjà la propriété des Galápagos.

« Rien n'a pu être stipulé relativement à la valeur de ces îles, parce que les ouvertures faites jusqu'à ce jour au général Flores se sont réduites à des offres d'avantages personnels, et que ni lui ni moi n'avions de base pour établir une limite à cet égard. Nous sommes seulement convenus des points suivants :

« 1° Que pour ménager la susceptibilité nationale, l'aliénation se ferait à quelque citoyen du pays ou de l'extérieur plutôt qu'au profit d'une puissance étrangère,

« 2° Que, dans le contrat de vente, on mettrait tout ce qui pourrait avoir rapport à la juridiction antérieure et ultérieure de la République sur ces îles,

« Et 3°, Que l'on réserverait à l'acquéreur le droit tout naturel de s'en dessaisir au profit de qui bon lui semblerait.

« Si donc le Gouvernement de Sa Majesté prenait, comme je suppose, intérêt à ranger ces îles sous le pavillon de la France, et qu'il désirait faire valoir ses prétentions, il conviendrait que Votre Excellence m'informât de ses intentions dans le plus bref délai possible, me fixât le maximum des offres à faire au Gouvernement et au général Flores en particulier ; et qu'enfin, supposant le cas où ces offres seraient agréées, il m'indiquât les bases sur lesquelles je devrais traiter et me mît en situation de donner des sûretés pour le payement du prix stipulé.

« Au surplus, quelle que soit la résolution de Sa Majesté touchant cette affaire, j'espère qu'elle ne verra dans mes indications que l'expression de mon zèle pour mon service, et la preuve de l'intérêt que je prends à la prospérité et à la prépondérance de mon pays. »

Ce dernier paragraphe, peut-être, était de trop... On imagine se rembrunir de nouveau le ministre : Léon Uthurburu a beau se déclarer, avec déférence,

« de Votre Excellence, le très humble et très obéissant serviteur », ces protestations de bonne foi ont quelque chose de vaguement suspect. Ce trop fin vice-consul, qui d'ailleurs n'est pas un diplomate de profession, mais un marchand madré, parti des montagnes basques en ce pays équatorial pour y chercher fortune, ne voudrait-il pas berner le gouvernement du roi des Français, par hasard ?

D'autant qu'en post-scriptum, Uthurburu signale qu'il joint au dernier moment un article paru dans la presse locale sur la colonisation des Galápagos… Lui qui, fort poliment, s'en remettait à la science géographique de l'administration centrale, voici qu'il ne peut s'empêcher de glisser un texte en langue espagnole qui a tout du prospectus commercial… L'article, en outre, est signé du général Villamíl : un autre pilier du régime, sans doute aussi brillant que le dictateur Flores… Que complotent donc ces drôles de *libertadores,* capables de vendre sous le manteau une portion du territoire national, dans ce pays de matamores qui n'a pas quinze ans d'indépendance ? Il est urgent de ne rien décider…

Aucune lettre, en effet, ne semble avoir donné

la moindre espérance au vice-consul de France à Guayaquil. Les services se sont-ils abstenus de répondre ? Ont-ils consenti un accusé de réception lâche et dilatoire ? Ce message s'est-il abîmé avec le navire qui le transportait dans le vaste Océan, a-t-il chuté avec son lama au fond d'un ravin ? Malgré une relance de sa part en 1846, nul message, pas la plus mince instruction ne semble être parvenue à Uthurburu l'hurluberlu, l'homme qui voulait faire acheter les Galápagos à la France…

L'individu, pourtant, n'est pas homme à en rester là. Né au village de Barcus, dans les Pyrénées-Atlantiques, en 1803, il a tout quitté à vingt ans pour s'établir aux Amériques. À partir de 1824, il monte une florissante maison de commerce en Équateur, ce qui lui permet de prêter, à des taux élevés, aux aventuriers qui vont prendre les rênes de la jeune république. Léon Uthurburu, en particulier, s'est fait le banquier du général Villamíl, que ses opérations politiques et sa passion du jeu ont endetté au-delà du raisonnable. Villamíl est à la fois l'ami d'Uthurburu et son débiteur, situation bien inconfortable. La France ne veut point acheter, en pleine propriété, l'archipel entier des Galápagos, ses tortues géantes, ses iguanes marins, cette faune antédiluvienne que le jeune Darwin va bientôt découvrir ? Il y a peut-être une solution intermédiaire : se limiter à la terre la plus prometteuse du groupe, l'île Charles. Villamíl, qui a fondé une société de colonisation dont il contrôle les deux cinquièmes, l'a habilement rebaptisée « Floreana », en hommage à son *Presidente* bien-aimé, le général Flores. Incapable de rembourser ce qu'il doit, Villamíl cède alors à son créancier basque ses droits sur Floreana.

Léon Uthurburu fera heureusement des affaires plus brillantes. Quand ses cheveux blanchissent, il est devenu un homme riche, qui a le mal du pays. Louis-Philippe et François Guizot ne sont plus que des souvenirs historiques alors, balayés par la révolution de 1848, elle-même liquidée par Louis-Napoléon Bonaparte qui règne maintenant sous le nom de Napoléon III. De retour dans ses montagnes, en 1853, l'ancien vice-consul a renoncé aux conceptions de haute politique : plus modestement, mais plus sûrement aussi, il voudrait faire le bonheur de son village natal avant de quitter ce monde. À sa mort, en 1860, il lègue tous ses biens au bureau de bienfaisance du bourg — dont ses droits sur Floreana. La petite commune de Barcus, dans les Pyrénées-Atlantiques, possède donc une île de l'océan Pacifique ! L'exploit est d'autant plus remarquable qu'elle n'a aucun accès à la mer...

Et c'est ainsi que, depuis plus d'un siècle, la municipalité tente de recouvrer ses 34,6 km^2 de terre volcanique, ses tortues et ses iguanes, malgré la mauvaise volonté manifeste du gouvernement équatorien.

Sous la IIIe République, l'ouverture du canal de Panamá cesse bientôt de paraître une chimère. Il avait donc raison, le jeune Uthurburu, quand il écrivait à François Guizot qu'une possession française aux Galápagos « se recommande bien plus encore par la haute importance qu'elles sont appelées à acquérir, du jour où se réalisera la communication projetée entre les deux mers »... En 1886, c'est-à-dire quarante-deux ans après la réception de cette si étrange lettre, la diplomatie française commence à bouger. Les archivistes sont priés de remuer les cartons, de rassembler des informations sur l'archipel.

S'il est maintenant trop tard pour acquérir les Galápagos, la France n'aurait-elle pas des droits, *via* le testament d'Uthurburu, sur l'île léguée à sa commune ? Et c'est ainsi que l'ex-île Charles, devenue Floreana, rebaptisée en France « l'île des Pauvres de Barcus », prend soudainement un intérêt stratégique supérieur...

La question, toutefois, reste embrouillée. Les droits cédés par Villamíl étaient-ils bien solides ? Et comment les faire valoir auprès des autorités de Quito ? Dès le 3 juin 1887, la diplomatie reprend ses droits sur l'enthousiasme : le nouveau ministre des Affaires étrangères, Flourens, écrit à son homologue de la Marine qu'il vaut mieux reconnaître la souveraineté de l'Équateur, « ce qui couperait court à toutes les ambitions des autres pays, surtout de l'Angleterre » ... Sur cette conclusion bien dans sa manière, le quai d'Orsay se désintéresse définitivement de Floreana, laissant la commune se débrouiller avec sa colonie du bout du monde.

Or, les édiles de Barcus feront preuve d'une ténacité remarquable — sans succès, malheureusement. En 1984 encore, le maire, M. Jauréguiberry, décide d'en appeler à la puissance tutélaire, les États-Unis : il alerte le sénateur du Nevada Paul Laxalt, d'origine basque, et proche du président Reagan… Cette initiative bien peu diplomatique n'ayant rien changé à l'attitude de l'Équateur, les 749 Barkoxtars (habitants de Barcus) sont aujourd'hui habités par un sentiment d'injustice et de découragement. Les plus modérés voudraient au moins une compensation financière pour la commune. Pour le nouveau maire, Jean-Marc Baranthol, « c'est perdu », même si Floreana « fait partie de l'histoire de la commune ». De fait, l'aventure de Léon Uthurburu est entrée dans la mémoire collective. « Tout le monde à Barcus connaît Floreana », affirme Patrick Quéheille, employé communal mais aussi l'auteur d'une pastorale sur le sujet, rituellement jouée par la population assemblée. Et quand, en janvier 2001, une marée noire touche les côtes des Galápagos, les habitants de Barcus enragent qu'on ose souiller « leur » île…

***

Barcus n'est d'ailleurs pas la seule commune de France à posséder un territoire par-delà les frontières hexagonales. On sait que la Ville de Paris est propriétaire de Hauteville House, la maison de Victor Hugo sur l'île anglo-normande de Guernesey. Plus étonnant, trois communes du Bas-Rhin empiètent sur l'Allemagne. « Le petit village gaulois qui résiste encore et toujours, c'est nous. Ce n'est pas en Bretagne, mais en Alsace ! » s'exclame fièrement Danièle Meyer, maire de Rhinau, qui administre un domaine communal de 997 hectares situé de l'autre côté du Rhin : le Taubergiessel.

« Ces terres ont toujours été rhinoises, explique-t-elle, c'est le Rhin qui a changé de cours. » Depuis une crue mémorable en 1541, la commune est coupée en deux par le fleuve, devenu depuis frontière internationale. La partie orientale, sous souveraineté allemande, n'en est pas moins propriété de la commune française : plusieurs traités garantissent les droits de Rhinau, exemptée de tout impôt foncier auprès du fisc allemand.

Ce chevauchement de nationalités crée des situations juridiques complexes. Ainsi, les

Allemands peuvent acheter à la commune des cartes de pêche pour taquiner le goujon en territoire français, mais ils n'ont pas le droit de pêcher dans la propriété communale sise en territoire allemand, réservée aux Rhinois ! Celle-ci est pourtant soumise à la réglementation allemande, mais c'est la commune française qui loue les droits de pêche…

La zone en cause n'a pas de population permanente. Les contraintes d'exploitation tenant à son statut particulier ont fait du territoire une réserve naturelle de fait. « Les Allemands sont ennuyés de devoir cela à des Français, eux qui se veulent les rois de l'écologie, s'amuse Mme le maire. On est très européen ici, mais on adore ce petit particularisme qui nous permet de titiller nos amis allemands. On se charrie beaucoup. C'est un peu bête, mais on aime bien. »

Dépositaires de cette tête de pont au-delà du Rhin, les habitants de Rhinau en tirent une certaine fierté patriotique. « Un jour, pour rire, confie Mme Meyer, j'ai proposé au conseil municipal de vendre ces terres à l'Allemagne, ce qui réglerait les problèmes d'investissement de la commune pour les cinquante années à venir. J'ai vite compris qu'on n'avait pas le droit de plaisanter avec cela… »

Dans le même département, les municipalités de Mothern et de Munchhausen possèdent aussi leurs « domaines communaux d'outre-Rhin », formant deux propriétés de 208 et 166 hectares.

***

À Wissembourg, ce n'est pas la commune, mais l'État, qui possède la zone allemande du Mundat : 3 200 hectares de forêt que la frontière de 1815 sépara de Wissembourg, dont ils dépendaient depuis neuf siècles. Annexée à titre temporaire en 1949, la forêt est redevenue un territoire allemand par un accord Mitterrand-Kohl de 1984 qui donne à la France la propriété du sol, des sources et des droits de chasse.

Avec le Taubergiessel et les autres domaines communaux d'outre-Rhin, ce sont donc, au total, 45,71 km^2 de territoire allemand qui se trouvent déjà sous tutelle française. Quand on songe au coût des guerres franco-allemandes ! En fait, il suffisait d'acheter l'Allemagne. Parcelle après parcelle, *nach Berlin !* Un grand emprunt national, et on les aura…

Dans cette entreprise de grignotage en Germanie, ajoutons encore une parcelle de quelques mètres carrés très éloignée de la frontière, puisqu'elle se visite à Oberhausen, en Bavière, où est tombé La Tour d'Auvergne : la propriété de la France se borne à un simple monument, puisque c'est au Panthéon que reposent aujourd'hui les restes mortels du « premier grenadier de l'Empire ».

C'est aussi grâce aux sabreurs impériaux qu'un peu plus loin à l'est, sur le site de la bataille d'Austerlitz, le carré du mémorial forme une minuscule enclave française au cœur de l'actuelle République tchèque. Autres résidus de l'épopée napoléonienne, la maison de Longwood et la vallée du Tombeau, sur l'île britannique de Sainte-Hélène, ont été achetés par Napoléon III à la reine Victoria. Avec la ferme des Briars, offerte à la France en 1959, les « Domaines français de Sainte-Hélène » ont une superficie totale de 14,7 hectares. « La France est ici chez elle, en pleine souveraineté », affirme Michel Dancoisne-Martineau, qui cumule les fonctions de conservateur avec celles de consul honoraire de France. Simple agent contractuel du ministère des Affaires étrangères, il est à la fois l'autorité supérieure et l'unique ressortissant de la zone française. Celle-ci, entretenue sur la ligne budgétaire des consulats, constitue plutôt un musée qui reçoit quelques milliers de visiteurs par an. La haute société britannique ne dédaigne pas d'y faire excursion. En revanche, depuis l'acquisition, aucune personnalité politique française ne s'est risquée à une visite officielle. « Ce n'est pas très étonnant, constate avec philosophie le maître des lieux. Une telle démarche prêterait trop le flanc à l'ironie... »

Pour accueillir les officiels, l'État ne manque pas de propriétés plus accessibles et plus valorisantes. Outre les deux millions de mètres carrés d'extraterritorialité que représentent ses ambassades et consulats, outre ses deux mille deux cent trente-quatre cimetières militaires à l'étranger, la France possède ainsi d'imprévus points d'attache à travers le monde, dont le somptueux domaine de la Villa Médicis, à Rome.

Ce tour du propriétaire serait incomplet si on n'évoquait enfin les possessions ecclésiastiques de la République française, laïque sans doute, mais dont le président est tout de même « chanoine de Latran ». Si ce titre purement honorifique ne lui confère aucun droit territorial au Vatican, il en va autrement de son ambassadeur à Rome qui, ès-qualité, a les clefs sinon du royaume de Saint-Pierre, du moins des « Pieux Domaines de France ». Un patrimoine béni qui nous vient d'Henri IV : cinq églises romaines, une autre à Lorette et une douzaine de bâtiments divers.

Dans l'autre ville sainte, Jérusalem, trois sanctuaires sont également placés sous la bonne garde de la France, dont le fameux Tombeau des rois. La République jacobine issue de la Révolution assume ici l'ultime héritage des croisades. L'entrée de cette possession troglodytique porte ainsi cette inscription diablement équivoque : « République française. Tombeau des rois. »

LA FRANCE CONTESTÉE

À L'ABORDAGE DU ROCHER DIAMANT, DE HUNTER ET MATTHEW ET DES ÎLES ÉPARSES

Pas plus que sa voisine la Guadeloupe, non plus que les autres départements d'outre-mer, la Martinique ne peut être qualifiée de terre française oubliée. Même les petites îles des Saintes, les nouvelles collectivités territoriales de Saint-Barthélemy et de Saint-Martin, sont trop connues pour qu'on s'y attarde.

La loupe du stratège, toutefois, peut s'arrêter un instant sur un point préoccupant du littoral martiniquais, au débouquement du Marin, charmante cité portuaire au sud de Fort-de-France.

Le trafic maritime y est aussi dense qu'international, avec le passage de nombreux plaisanciers. Il y règne une ambiance sympathique, détendue, de bon aloi. Un observateur attentif, posté sur la côte, ne tarderait cependant pas à détecter un curieux manège : chaque fois qu'un navire britannique se présente, et même un Britannique honteux, battant fiscalement pavillon d'un petit État anglophone des Caraïbes, l'Union Jack ou son substitut du Commonwealth court vers le pont et remonte en haut du mât, en signe de salut.

Salut à la Martinique, au port du Marin, aux autres plaisanciers ? Que nenni ! L'Anglais sera toujours l'Anglais : perfidement, mais sûrement, Albion salue rituellement le gros rocher pointu qui, en raison de sa forme, est connu en ces lieux sous le nom du Diamant.

Saluer un rocher, l'acte est sans équivalent dans les annales de la mer, pourtant si riches en singularités ; saluer, qui plus est, un rocher français, peut paraître au moins surprenant de la part d'un peuple qui a des écueils à revendre… Or, justement, les Britanniques considèrent que le Diamant n'est pas un rocher français…

Perchés dessus comme des démons, de janvier 1804 aux premiers jours de juin 1805, canonnant l'ennemi depuis les grottes qu'ils avaient fortifiées, repoussant de multiples assauts, les hommes de la Royal Navy ont tenu en échec pendant des mois la marine de Napoléon. Pour réduire ce bastion, Villaret de Joyeuse, gouverneur de la Martinique, a dû faire appel au plus hardi commandant de sa flotte, Cosmao-Kerjulien, à qui il a fallu trois jours de lutte et cinq vaisseaux pour conduire un abordage victorieux. Depuis cette mémorable bataille navale, les sujets de Sa Gracieuse Majesté ont pris l'habitude de saluer l'inébranlable roc qui servit de canonnière à ses marins…

Les Anglais ne contestent donc pas, à proprement parler, la souveraineté française sur le rocher Diamant : c'est sa qualité de rocher qu'ils nient, considérant que mouille là pour l'éternité une unité légendaire de la marine britannique, le *HMS Diamond Rock,* vaisseau de pierre à jamais ancré sur le lieu de son glorieux combat…

***

La France est ainsi menacée, sur ses franges maritimes extrêmes, de quelques contentieux hérités de l'histoire. Aux Anglais encore, nous avons pris Hunter et Matthew, deux rochers très isolés du Pacifique, très loin à l'est de Nouméa, dont les séparent environ 500 km d'océan. Mais l'affaire n'est pas absolument close.

Toute la question est de savoir si Hunter et Matthew constituent bien les dépendances les plus orientales de la Nouvelle-Calédonie, ou bien le prolongement le plus méridional de l'archipel naguère connu sous le nom de Nouvelles-Hébrides. Dans le premier cas, aucun doute, les deux pierrailles sont françaises. Dans le second, c'est plus compliqué, car les Nouvelles-Hébrides ont toujours été le paradis de la complexité politique : longtemps soumises aux rivalités franco-anglaises, ces îles furent placées sous un régime bilingue de condominium, que les colons surnommèrent bientôt « pandémonium ».

Cette administration franco-britannique, qui cumulait aux caractères ordinaires de toute bureaucratie les tares propres aux doubles commandes, a longuement fait le malheur des Nouvelles-Hébrides avant que celles-ci, en 1978, accèdent à l'indépendance sous le nom de Vanuatu.

En 1983, un incident assez grave oppose alors la France à la toute neuve république, qui non seulement réclame les îlots Hunter et Matthew, mais les occupe passagèrement. Les relations entre les deux pays se sont améliorées depuis : si le Vanuatu continue d'élever des prétentions sur les deux îles, son office du tourisme reconnaît qu'elles sont « encore » françaises. L'ONU n'a pas la même prudence puisque, dans un document rendu public en 1998, elle semble considérer Matthew et Hunter comme partie intégrante du Vanuatu, sans aucune réserve.

Le sang national ne doit faire qu'un tour. Hostiles et inhabitées, certes, Hunter et Matthew n'en sont pas moins des points avancés de l'ensemble français, des parcelles sacrées de la terre nationale. Et ceux qui voudraient ne voir dans ce contentieux qu'une affaire de zone économique exclusive se trompent lourdement : l'enjeu est bien supérieur.

Les deux îles sont d'origine volcanique. Sur Matthew, le volcan est actif. Pourvue d'un seul pic jusqu'en 1949, l'île en compte depuis un deuxième. En un siècle, elle aurait triplé de volume. Pas de doute : un continent est là en gestation, une France nouvelle démarre son expansion ! Et nous laisserions perdre cet empire virtuel, cette patrie de demain ? Nous sommes tous citoyens de Hunter et Matthew !

* * *

Contestées elles aussi, les îles Éparses représentent un des plus beaux contentieux de l'océan Indien. Leur nom même est contestable, car ce « É » capital qui est la marque typographique d'un nom propre recouvre très artificiellement, pour ne pas dire abusivement, un groupe d'îles qui ne forme nullement un archipel. Appellation administrative et non géographique de terres dont on ne saurait mieux avouer l'hétérogénéité d'ailleurs, qu'en les réunissant par l'unique caractère de leur dispersion… Éparses, elles le sont bien, ces îles, dont les seuls points communs sont l'isolement et l'exiguïté.

La plus méridionale, Europa, est un vieil atoll corallien en voie de comblement, dont le lagon lâche quotidiennement un nuage de moustiques vrombissants sur le quidam de passage.

Au nord-ouest, Bassas da India est à peine une île. La dénomination, là encore, est trompeuse : évoquant assez justement des îles basses sur la route des Indes, il n'est que la déformation du « banc de la Juive », *baixo da Judia* en portugais, toponyme mal recopié des anciens portulans. Quelques rochers, une ceinture de corail : impossible de marcher sur ce cratère à fleur d'eau où se fracassèrent, depuis le *Santiago* en 1585, une foule de navires, pour la plus grande joie des générations de requins qui hantent ces eaux.

Plus au nord, en plein canal de Mozambique, l'île Juan de Nova a toutes les caractéristiques de l'île à guano.

Les Glorieuses, entre Madagascar et les Comores, forment un petit archipel, le seul vraiment vivable des Éparses, avec son sable fin et ses cocotiers. La Grande Glorieuse domine la Petite Glorieuse, également connue sous le nom fort peu républicain de l'île des Lys, un petit canal maritime séparant ces deux terres de la poussière d'îlots dénommée « les roches Vertes ».

Loin vers l'est enfin, en plein dans l'océan Indien, l'île Tromelin veille, solitaire et grave. Sur ses récifs, le 31 juillet 1761, vient se briser la flûte *L'Utile,* navire négrier de la Compagnie des Indes. À son bord, une cargaison d'esclaves à destination de l'île de France (l'actuelle île Maurice). Après avoir partagé l'île pendant deux mois, Blancs et Noirs se séparent : les cent vingt-deux marins français rescapés s'en vont sur une embarcation de fortune, laissant soixante Africains avec des vivres et la vague promesse de leur envoyer des secours. Échappant à l'esclavage des plantations, ceux-ci vont expérimenter une servitude plus dure encore : survivre pendant quinze ans sur un îlot de seulement 1 km^2. Quand le chevalier de Tromelin se présente à l'horizon, en 1776, il ne trouve que huit survivants : sept femmes et un bébé.

Cent trente ans plus tard, sous la conduite de l'ancien officier de marine Max Guérout, le Groupe de recherche en archéologie navale a fouillé Tromelin de fond en comble, recherchant, pour tout trésor, les traces de ces délaissés. « Sur l'île, l'expédition a trouvé des soubassements d'habitation des esclaves, soigneusement construits en blocs de corail et de grès de plage. Dans cet habitat, six gamelles de cuivre ainsi qu'un galet sélectionné pour affûter des couteaux ont été découverts. Symbole de la détermination des esclaves pour survivre, une des gamelles a été réparée neuf fois avec des plaques de cuivre rivetées les unes aux autres. Le feu du foyer a été maintenu pendant quinze ans, et alimenté par le bois de l'épave », résume *Le Monde* du 19 janvier 2007.

Cette campagne de fouilles a aussi prolongé la présence française aux Éparses, confirmant des prises de possession déjà anciennes : pour Europa, Bassas da India et Juan de Nova, l'acte officiel remonte au 31 octobre 1897, tandis qu'aux Glorieuses, le Réunionnais Hippolyte Caltaux s'en est chargé dès le 23 août 1892. Administrées depuis Madagascar au temps de l'empire colonial, ces petites îles ont été détachées de la Grande Île par un acte officiel du 1er avril 1960, soit trois jours avant l'indépendance… Les Malgaches ont peu goûté ce poisson d'avril, qui leur faisait perdre des positions stratégiques ainsi qu'un vaste domaine maritime. En 1973, le régime marxisant d'Antananarivo envisageait même une expédition armée. Un gendarme français et quelques légionnaires assurent depuis, par rotation, la sécurité de ces terres irrédentes, classées depuis 1975 en réserves naturelles intégrales : l'accès en est interdit, sauf cause d'utilité publique.

Tromelin accueille également une station météo, jadis habitée, puis automatisée. Cette île n'est pas seulement réclamée par Madagascar, mais aussi par la république de l'île Maurice, puissance continuatrice du Royaume-Uni dans la région... Un projet de traité prévoit de partager avec les autorités de Port-Louis la conservation et l'exploitation de l'île, qui resterait sous la souveraineté de Paris... Présenté par le quai d'Orsay comme une formalité, ce texte suscite un débat nourri parmi ceux qui se préoccupent encore de « France-sur-mer », l'empire maritime oublié... Pourquoi ne pas plutôt s'inspirer du rocher Diamant ? Terre française et navire mauricien, Tromelin resterait la vigie francophone de l'océan Indien.

LA FRANCE TAAFIENNE

DE L'EMPIRE DE L'ADSUP AU ROYAUME DU ONZEKER

Pour en finir avec les îles Éparses, et en démontrer l'inaliénable francité, précisons qu'une loi du 21 février 2007 a rattaché ces territoires aux TAAF, dont ils forment maintenant le cinquième district, nettement plus chaud que les autres.

Les TAAF ? Les Terres australes et antarctiques françaises, dont fait partie l'île aux Cochons déjà évoquée. Seule collectivité territoriale dépourvue de population permanente et non représentée au Sénat, les TAAF constituent aussi une administration exemplaire, capable d'envoyer des missions scientifiques et d'acheminer un ravitaillement conséquent dans les postes avancés de la France circumpolaire.

Les TAAF puisent leurs origines historiques dans les expéditions du chevalier de Kerguelen vers le « Troisième Monde », à partir de 1772 : c'est le temps où le roi de France et ses géographes rêvent d'un immense continent austral qui resterait à découvrir. Dépossédée de ses principales colonies américaines, la monarchie française a l'espoir d'une seconde chance dans le partage des terres émergées. Après l'Ancien Monde et le Nouveau Monde, un Troisième Monde doit donc un jour sortir des brumes, aux fins fonds des mers du Sud : la mythique *Terra australis incognita,* dite aussi « terre de Gonneville », dont les géographes et les utopistes du XVIIIe siècle pensaient pouvoir déduire l'existence du déséquilibre qu'ils constataient entre la superficie des terres émergées de l'hémisphère Nord et celle, beaucoup plus faible, des terres connues dans l'hémisphère Sud.

* * *

Bon courtisan, le chevalier de Kerguelen ne manque pas de discerner les côtes de cette « France australe » quand ses lieutenants aperçoivent enfin d'abruptes falaises, dans les mers froides, au sud de l'océan Indien. Fêté, célébré, reçu à la Cour, ce nouveau Colomb va finir dans le discrédit et l'opprobre quand de nouvelles expéditions établiront la finitude de sa découverte : sans être négligeables, les îles qui portent aujourd'hui son nom ne sont guère plus étendues que la Corse et la rigueur de leur climat leur valut longtemps d'être appelées « îles de la Désolation ». La France, déçue, n'en prit vraiment possession qu'en 1892, cent vingt ans après le premier passage des bâtiments de la marine royale... Encore ne s'agit-il alors que de prévenir l'installation de bases navales allemandes : la ligne bleue des Vosges bifurque ainsi vers les terres subantarctiques des Kerguelen, des îles Amsterdam et Saint-Paul, de l'archipel Crozet...

Le chevalier de Kerguelen avait aussi poussé jusqu'en Australie occidentale, où l'on aurait pu jeter les bases d'une colonie prospère, mais bizarrement, ce continent réel n'intéressait personne.

Le véritable continent austral, l'Antarctique, ne sera atteint que sous la monarchie de Juillet, quand Jules Dumont d'Urville explore les parages à bord de l'*Astrolabe* et de sa conserve *La Zélée* : il reconnaît les étendues blanches de la Terre Louis-Philippe, puis, en 1840, au sud de l'Australie, une portion inconnue qu'il baptise Terre Adélie, en hommage à sa femme.

Revenu entier de telles expéditions, Dumont d'Urville va périr avec Adèle et leur fils en banlieue parisienne, dans l'un des premiers accidents de train, le 8 mai 1842... De sa destinée paradoxale, il reste aujourd'hui la plus vaste des possessions françaises d'outre-mer : la Terre Adélie, gigantesque part de tarte de 431 888 km^2, depuis le pôle Sud jusqu'au littoral de l'Antarctique, au milieu des deux secteurs revendiqués par l'Australie. C'est donc avec l'Australie, au passage, que la France a sa plus longue frontière terrestre : celle-ci passe par le légendaire rocher X, petite éminence naturelle de type « nunatak » qui sépare donc la France de l'Australie comme le mont Blanc la démarque de l'Italie.

Le chauvinisme, toutefois, n'a pas droit de cité en ces solitudes glacées, depuis que le traité de

Washington a « gelé », c'est le terme utilisé sans rire par les diplomates, les revendications territoriales en Antarctique. La coopération scientifique a assoupli les frontières, de sorte que les Français basés à Dumont-d'Urville, l'improbable capitale de la Terre Adélie, se rendent régulièrement à Dôme C, nom de code du site géographique de l'Antarctique australienne où a été bâtie la base franco-italienne de Concordia…

* * *

Paradis des scientifiques, les TAAF pourraient aussi constituer un excellent terrain d'observation pour les linguistes. Un langage nouveau, en effet, s'y est constitué spontanément.

Exemple : « *Les manipeurs godonnaient à Péjida, au milieu des pachas et des bonbons, quand un VAT heureusement garroté s'ensouilla : cible des macas et des plonplons, cramponné à sa zézette, il appelait par vac géner et pimponker, regrettant Totoche.* »

Message codé ? Poème ésotérique ? Non, juste le récit d'une scène banale aux îles Kerguelen, dont la traduction approximative se révèle beaucoup plus longue : « L'équipe sortie sur le terrain ramassait de beaux cailloux à Port-Jeanne-d'Arc, au milieu des éléphants de mer et de leurs petits, quand un bleu qui avait heureusement pris la précaution de nouer une lanière élastique en haut de ses bottes s'enfonça dans un trou boueux : sous les fientes des gorfous macaroni et des pétrels plongeurs, cramponné à sa radio portable, il lançait des appels au logisticien et au pompier, regrettant son cher bistrot. »

Créole subantarctique, le *taafien* n'a pas de grammaire distincte du français. Mais le vocabulaire est riche, pour un langage parlé dans un territoire sans autochtones ni population permanente : dirigé depuis La Réunion par l'*Adsup* (l'administrateur supérieur, véritable préfet des glaces), ce TOM n'est peuplé que de scientifiques, de techniciens et de militaires régulièrement relevés. Ceux-ci se répartissent entre quatre districts historiques : *Ta* pour la Terre Adélie, *Ams* pour les îles Amsterdam et Saint-Paul (85 km^2), *Cro* pour les îles Crozet (515 km^2) et *Ker* pour l'archipel des Kerguelen (une cinquantaine d'hivernants pour 7 215 km^2).

« Ainsi notre hôpital est le *Samuker,* les films sont projetés au *Cinéker,* on prend nos bouquins à la *Biblioker,* notre pompier est *pimponker,* notre électricien s'appelle l'*EDK*... », explique Yann Libessart en 2003, lorsqu'il assure les fonctions de chef du district, ou *Disker.* Sa compagne est donc la *Diskette* et sa résidence, la *Discothèque.* Il existe parallèlement un *Dista,* un *Disams* et un *Discro*...

Pour Yann Libessart, l'utilisation de ces mots bizarres « est surtout fonctionnelle ». Mais l'ethnologue Alexandra Marois, dans son livre *Les Îles Kerguelen, un monde exotique sans indigènes,* s'est intéressée au *taafien,* soulignant « son caractère fusionnel qui permet aux personnes le pratiquant de formuler un "nous" ». Au premier abord, admet-elle, les termes employés font penser à un langage d'entreprise. « Mais en se penchant d'un peu plus près, on remarque que la spécificité du vocabulaire des Kerguelen est que son champ sémantique porte bien au-delà des préoccupations professionnelles, il fait aussi référence à de nombreux aspects de la vie quotidienne. Ainsi, les conditions de vie particulières sur les îles paraissent avoir favorisé l'émergence d'un jargon foisonnant, contenant des registres de langage variés, ceci malgré l'instabilité de la population. »

Abréviations et contractions, très nombreuses, revêtent souvent un double sens : le *cinoc* est le ciel nocturne, mais aussi le scientifique chargé de l'observer, ce qui ne va pas sans induire un jugement de valeur sur l'état mental d'un individu vivant à contretemps de la base, la tête dans les étoiles... De même, si le *copec* est le contrôleur des pêches, l'homophonie avec « kopeck » rappelle qu'il a longtemps surveillé des pêcheurs russes. Les *VAT* sont les volontaires de l'aide technique, toutefois les trois lettres, par extension, peuvent désigner tout novice, quel que soit son statut administratif. Quant aux *Pafiens,* ce sont les habitants de Port-aux-Français, la « capitale » des Kerguelen : un toponyme patriotique désacralisé en *PAF,* tout comme l'ancienne station baleinière de Port-Jeanne-d'Arc, devenue *PJDA,* puis *Péjida.*

Un sigle usuel provient de la marine : *BLO* (Bêtes à Longues Oreilles) pour désigner les lapins, une vieille superstition interdisant qu'on prononce ce mot à bord des navires. Si on parle du *lapin* à *Ker,* il ne s'agit donc pas de l'animal, mais du scientifique chargé d'en étudier la prolifération.

Le *taafien* s'est aussi enrichi d'emprunts bretons, terre-neuvas et réunionnais, mais en se réappropriant les mots. *Keraven,* « maison du vent » en breton, est le dortoir des hôtes de passage, tandis que *Totoche,* surnom du bar de *PAF,* signifie « baston » en créole de La Réunion. Il faut dire qu'on y boit pas mal de *louzou :* « remède » en breton, « vin rouge » en *taafien*...

La faune locale a pris des dénominations pittoresques : on dit *bonbons* pour les jeunes éléphants de mer, croqués comme des friandises par les orques, *pachas* pour les gros mâles à la tête d'un harem, *pougeons* pour les chionis, oiseaux mi-poule mi-pigeon... Le pétrel géant est un *cracou,* parce qu'il ressemble au Cracoucass des Schtroumpfs, mais à terre il devient *cracoulala,* son dandinement suggérant par anthropomorphisme une douleur mal placée. « À l'inverse, précise Yann Libessart, les gros mangeurs du restau sont surnommés les *skuas,* en référence à l'oiseau charognard. »

Au total, le *taafien* compte au moins deux cents mots, en retenant les variations dialectales. Car les districts ont aussi leur patois... Ainsi, pour parler d'un biologiste, on dira *bio* à *Ker,* mais *biolo* à *Ta.* Celui qui fait son tour de corvée au réfectoire est *une petite marie* s'il est *Pafien,* il sera *de marie* s'il est *Adélien.* Le mot *branloire,* plus guère usité depuis Montaigne en métropole, ne s'emploie qu'aux îles Crozet, où il désigne un tapis de végétation suspendu au-dessus d'une crevasse. À *Cro* encore, le manchot royal est appelé un *alfred,* en référence à la base Alfred-Faure, anciennement Port-Alfred, mais aussi en souvenir du pingouin Alfred, dans les vieux *Zig et Puce* d'Alain Saint-Ogan...

Le langage des *Taafiens* pourrait sembler peu sérieux, si ses multiples trouvailles ne constituaient pas des éléments de cohésion dans un univers hostile. « En effet, partager un humour, c'est partager un ensemble de valeurs culturelles et sociales », note Alexandra Marois. Le folklore local est à l'avenant : chaque année, pendant une semaine à partir du 21 juin, les passions se déchaînent pendant les festivités de la *MidWinter,* carnaval austral marquant la moitié de l'hivernage. Le *Disker* est alors détrôné par un successeur bouffon, le *Onzeker,* flanqué de sa compagne élue, *Missker.* Il existe de même un *Onzecro* et un *Onzeta,* sans oublier leurs égéries, connues sous les titres peu engageants de *Misscro* et *Missta*… Il est vrai que, la mixité des hivernages ne datant que de 1995, ces reines de beauté sont des hommes travestis et grimés.

LEXIQUE TAAFIEN

Adsup : administrateur supérieur des TAAF.
Alfred : manchot royal (aux îles Crozet).
Ams : district des îles Amsterdam et Saint-Paul.
Arbek : cabane, refuge.
Bib : médecin chef.
Bibou : infirmier ou infirmière.
BLO : lapin (Bête à Longues Oreilles, abréviation usitée par les marins superstitieux).
Bonbon : jeune éléphant de mer.
Bout de bois : menuisier.
Bout de fer : mécanicien.
Bout de fil : électricien.
Bout de plomb : plombier.
Branloire : tapis de végétation au-dessus d'une crevasse (aux îles Crozet).
Campagnard d'été : scientifique non hivernant, qui ne séjourne que durant l'été austral.
Chaud-froid : frigoriste.
Cinoc : ciel nocturne (et celui qui l'étudie).
Copec : contrôleur des pêches.

Cracou : pétrel géant.
Cracoulala : le ***cracou**** à terre, pour sa démarche d'apparence pénible.
Cro : district des îles Crozet.
Disker : chef de district des Kerguelen.
EDK : Électricité de Kerguelen, surnom propre au ***bout de fil**** de ***Ker****.
Ensouiller (s') : tomber dans une ***souille****; au figuré, se saouler.
Fillod : marque de bâtiment modulaire autoportant des années 1950.
Garrotter : nouer une lanière de chambre à air au niveau du mollet, pour garantir l'étanchéité des bottes en terrain humide.
Géner : responsable de l'électronique générale, logisticien à ***Ker****.
Gépé : gérant postal.
Godon : caillou.
Godonner : chercher des cailloux dignes d'être passés à la ***godonneuse****.

Godonneuse : machine à polir les spécimens minéralogiques (géodes, agates, calcédoines).
Goél : goéland.
Infra : l'ensemble des corps de métier responsables des infrastructures (bâtiments, voie publique).
Interdistrict : personnel effectuant des rotations (OP) entre les districts.
Ker : district des îles Kerguelen.
Keravel : « maison du vent » en breton, dortoir pour les gens de passage à ***Ker****.
Lapin : scientifique étudiant les ***BLO****.
Louzou : vin rouge.
Maca : gorfou macaroni.
Manchot : hivernant.
Manip : sortie sur le terrain, qu'elle soit scientifique ou de loisir.
Maniper : partir en ***manip****.
Manipeur : pour les puristes, accompagnateur lors d'une ***manip**** ; par extension, tout participant à une sortie hors base.

Mépré : atelier de mécanique de précision (et son responsable).
Ovoïde : canalisation enfouie, tenant lieu d'égout chez les ***Pafiens****.
Pacha : grand éléphant de mer mâle, régnant sur un harem.
Pafien : habitant de Port-aux-Français (PAF).
Partex : militaire (parti à l'extérieur de la métropole).
Pâteux : boulanger.
Petite marie : hivernant de corvée au réfectoire (*marie* à ***Ta****).
Piaule : mauvais temps.
Pimponker : l'unique pompier des Kerguelen.
Plonplon : pétrel plongeur.
Popchat : scientifique chargé d'évaluer la population féline, dit aussi *peep show,* son travail consistant à observer des accouplements.
Pougeon : chionis, oiseau mi-poule mi-pigeon, dit aussi *chiochio* (prononcer kio-kio).
Réu : personnel non scientifique recruté à La Réunion.

Samuker : l'hôpital des Kerguelen.
Shadock : personnel du CEA, voué à la vaine tâche de contrôler la radioactivité dans un territoire dénucléarisé par traité.
Siège : l'administration des TAAF, résidant à Saint-Pierre de La Réunion.
Skua : gros mangeur.
Souille : bain de boue des éléphants de mer ; trou boueux ; par extension, fête, beuverie.
Ta : district de la Terre Adélie.
Tite note : télex interbase.
Totoche : l'unique bar de ***Ker****.
Touque : bidon plastique étanche servant à stocker les vivres.
Vac : vacation, appel radio.
VAT : volontaire de l'aide technique ; par extension, novice, bleu.
Zézette : radio VHF portable.

LA FRANCE CLIPPERTONIENNE

REGRETS POUR NAGTEGAT, ERNEST-LEGOUVÉ, L'ÎLE DES DÉMONS, CHECK-SAÏD ET LES AUTRES COLONIES ÉGARÉES DONT CLIPPERTON ET L'ÎLE AUX ŒUFS NOUS CONSOLENT

Pour couvrir véritablement toute l'étendue de la France subantarctique, les TAAF devraient encore comporter un sixième district : celui des terres égarées.

Dans les instructions qu'il a données au chevalier de Kerguelen, le roi de France précise en effet qu'icelui « tâchera en passant de voir s'il y a quelque port à l'île de Nagtegat », aperçue par des Hollandais. Clairement, il s'agit d'y jeter l'ancre, pour planter dès que possible la blanche bannière aux lys sur cette nouvelle province du royaume.

Hélas, ni Kerguelen, ni aucun autre navigateur ne reverra jamais cette « île de beurre », ainsi que les marins surnomment ces mirages de la mer, certifiés un jour et bientôt fondus au soleil. Erreurs de relevés, glaces dérivantes, amas de bois flottés, dos de cétacé, brumes du matin, bancs de sable précaires, marées de pierre ponce vomies d'un volcan sous-marin, les raisons ne manquent pas pour expliquer les caprices de ces îles fantômes, colonies d'un jour subitement évaporées...

Où est-elle donc passée, notre belle île de Nagtegat ? Et le récif Ernest-Legouvé, le retrouverons-nous un jour ?

Le très oublié Ernest Legouvé, poète, dramaturge et académicien de la Belle Époque, n'a certes pas quitté le confort douillet de la Coupole pour aller annexer cet écueil des mers froides : au faîte de sa gloire éphémère, il a inspiré à un armateur éperdu d'admiration l'idée de donner son nom à un solide vaisseau d'acier ; et c'est le capitaine de ce navire qui, en 1902, très loin à l'est de la Nouvelle-Zélande, très loin au sud de la Polynésie, dans une portion du Pacifique Sud tout particulièrement dépourvue de terres fermes, signalera un mystérieux rocher auquel s'attachera le souvenir de son embarcation. Les nuances typographiques sont ici à leur paroxysme : Ernest Legouvé a parrainé l'*Ernest Legouvé* qui a découvert Ernest-Legouvé…

Cette découverte, hélas, s'est révélée aussi incertaine, traîtresse et labile que la notoriété du grand homme de lettres : à peine reportée sur les cartes marines, par 35° 12' de latitude Sud et 150° 35' de longitude Ouest, le récif Ernest-Legouvé disparaît de l'horizon. Le capitaine avait-il forcé sur la bouteille, au point de prendre un cachalot pour une terre ? Ou bien les flots déchainés, emportant l'arête supérieure, ont-ils eu raison du petit roc perdu ? Les nageurs de combat d'une puissance jalouse auraient-ils saboté à l'explosif cette possession nouvelle, dont l'extrême isolement apporterait à la France une immense extension de ses eaux territoriales ? Son engloutissement fut-il le premier effet de la hausse du niveau des océans ? Ou s'agissait-il d'une base d'ovnis amphibie, qui a, depuis, opté pour l'immersion ? Mystère impénétrable des mers du Sud !...

La disparition d'Ernest-Legouvé a ceci de troublant, et pour tout dire d'agaçant, que les coordonnées géographiques du récif coïncident à peu près avec celles de Tabor, l'ultime refuge du capitaine Nemo dans *L'Île mystérieuse.* Or, Ernest Legouvé — le vrai, sans trait d'union, l'écrivain en chair et en os — connaissait et appréciait Jules Verne, qu'il encouragea dans ses tentatives pour entrer à l'Académie française. De sorte qu'on en viendrait volontiers à se demander si, avec la complicité d'un armateur et d'un capitaine, les géographes n'ont pas été tout simplement victimes d'un canular littéraire pour le moins magistral…

Le rocher fantôme figure encore sur certains atlas, sans indication de nationalité ; pas de doute pourtant, il est français — s'il existe…

Qui nous rendra Ernest-Legouvé ? Qui nous rendra l'île Sandy, toute proche des Chesterfield, reproduite sur toutes les cartes, y compris celles des plus célèbres sites de géolocalisation, et dont on vient d'admettre en 2013 qu'elle n'avait aucune existence physique ?

Et dans l'hémisphère Nord, qui nous rendra l'île Jaquette, que le jeune Kerguelen, encore lui, aurait discernée en 1761 ? Qui nous restituera l'île des Oiseaux, l'île des Démons, entrevues au XVIe siècle entre Canada et Islande ? De l'île des Démons, l'érudit André Thévet a laissé une description terrifiante, évoquant le vacarme angoissant qu'y produit un perpétuel sabbat de fantômes. Dans *L'Heptaméron*, la reine de Navarre en fait le cadre d'une de ses nouvelles, *Extrême Amour et Austérité de femme en terre étrange.* Rabelais lui-même évoque l'île des Démons, qu'aucun marin n'a jamais retrouvée pourtant...

***

Au registre des conquêtes fantomatiques, il faudrait ajouter les colonies ratées : quelques territoires solidement établis, dont la localisation est bien connue, dont l'assise géographique ne fait aucun doute, dont la France a indubitablement pris possession, mais dont elle n'a rien fait. C'est le cas en mer Rouge, sur la côte érythréenne, des enclaves d'Edd, d'Amfilah, d'Adulis ou Zoulla, qui n'ont jamais été décolonisées, faute d'avoir été colonisées...

« Edd a appartenu successivement à plusieurs maisons françaises. Amfilah et sa baie, qui ouvrent des communications faciles avec l'Abyssinie, avaient été cédées, en 1839, à la France par le roi du Tigré. Elles n'ont pas été occupées militairement », précise l'explorateur Paul Soleillet dans *La France coloniale*, savant ouvrage dirigé par Alfred Rambaud, en 1888.

« Enfin Zoulla, l'ancienne Adulis, sur une des baies les plus importantes de la mer Rouge, avec l'île voisine de Dessi, a été cédée, en 1859, par Négounié, roi du Tigré, au capitaine de frégate français, M. Russel. Bien que nous ne l'ayons pas occupée et que les Turcs, en 1861, aient planté leur drapeau à Zoulla, nos droits ne sont pas effacés. »

Droits bien théoriques toutefois, dont la revendication, aujourd'hui, ne manquerait pas de surprendre les dirigeants de l'Érythrée indépendante et, très certainement, de scandaliser toutes les nations africaines…

De même, que diraient les Yéménites si devait resurgir, sur l'autre rive de la mer Rouge, l'épineuse question de Check-Saïd ? La position est pourtant du plus haut intérêt stratégique : un promontoire rocheux qui commande le détroit de Bab el-Mandeb, l'un des points de passage les plus névralgiques du trafic maritime contemporain. En 1868, ne vivent là qu'un petit nombre de pêcheurs musulmans. Pour un peu d'or, le potentat local est prêt à vendre aux Roumis une bonne parcelle de la terre sacrée d'Arabie : la Compagnie Rabaud-Bazin, factorerie de Marseille, acquiert ainsi pour cinquante mille francs un préside de 16,5 km^2 dont, en 1870, le traité de Constantinople lui garantit la propriété. Ce qui n'empêchera pas les Turcs, en 1885, d'occuper Check-Saïd, avec « la sympathie des Anglais », comme le note un agent consulaire en poste à Aden : la compagnie marseillaise, dépassée par la galéjade, cède ses droits à la République française qui, après la défaite ottomane de 1918, songera mollement à reprendre pied. Un rapport secret du 27 février 1939, toutefois, n'encourage guère le ministre des Affaires étrangères à persévérer dans cette voie : « Les titres que nous possédons, suffisants pour établir une conviction, n'ont pas une valeur probante capable de motiver une revendication. »

Les Français, installés en face, sur le rivage africain, préféreront surveiller le détroit depuis Obock et Djibouti : et Check-Saïd, enclave en déshérence, restera dans les limbes de la francité…

* * *

De tous ces territoires égarés, délaissés, perdus de vue, Clipperton peut seul nous consoler. Car il s'est fallu de peu que cet atoll du Pacifique vienne en compléter la liste. « Une colonie française retrouvée dans un carton du ministère », titrait la presse en 1931…

L'histoire de Clipperton, très vraisemblablement, se confond d'abord avec celle de l'île de la Passion, repérée le vendredi saint, en 1711, par deux frégates françaises. Mal relevée, l'île ne fut pas retrouvée de sitôt. Encore une « île de beurre » ? Cette terre existe pourtant, quoique très isolée, à l'ouest des côtes mexicaines, dans l'océan Pacifique : vieux volcan refroidi qui se tasse sous les flots, elle forme un anneau à fleur d'eau que surplombe un rocher de neuf mètres, seul point visible de loin. L'ancien cratère, empli d'eau saumâtre, n'est plus qu'un lagon à l'agonie qu'enserre une plage circulaire de 7 km^2 : rien de bien riant sur ce rivage inhabité, écrasé de soleil, à peine protégé par quelques cocotiers malingres. Le sol grouille de milliers de crabes rouges, occupés à saisir des poussins dans les nids d'oiseaux de mer creusés à même le sable, pour les cisailler de leurs fortes pinces et s'en repaître goulûment.

Île déshéritée, inhospitalière, à l'écart des routes maritimes, elle ne peut convenir qu'aux solitaires et aux misanthropes. Le pirate anglais Clippington en fera impunément sa base, lui léguant son nom, quelque peu altéré.

Sous le Second Empire, la France témoignant d'un regain d'intérêt pour l'océan Pacifique y dépêche le lieutenant de vaisseau Le Coat de Kerveguen qui, en 1858, prend formellement possession de l'atoll. Napoléon III, qui échoue à créer un empire catholique francophile au Mexique, a du moins cette consolation d'annexer Clipperton. Au grand mécontentement des Mexicains, d'ailleurs, qui ne reconnaissent pas les droits français sur ce qu'ils considèrent comme l'extrémité occidentale de leur aire d'expansion.

En 1905, le dictateur Porfirio Díaz décide d'occuper le terrain en y envoyant une petite garnison ; et la France ne réagit pas. Clin d'œil de l'Histoire, l'officier chargé d'assurer la mainmise mexicaine est d'origine française : le capitaine Ramón Arnaud et ses hommes, mais aussi leurs femmes, leurs enfants et un gardien de phare s'installent à Clipperton.

L'Histoire, de narquoise, va devenir cruelle. En 1910, la dictature du « porfiriat » est abattue : Porfirio Díaz, pas gêné, se réfugie à Paris, tandis que le Mexique entre dans un cycle interminable de guerre civile et de révolution. Tandis que Pancho Villa, Zapata, Obregón et quelques autres mènent des combats épiques sur le continent, fournissant la matière d'innombrables westerns spaghetti, l'administration de Mexico, perpétuellement bousculée par les changements de président, oublie jusqu'à l'existence d'une garnison sur Clipperton…

L'atoll, qui n'est plus ravitaillé, ne peut fournir par lui-même la subsistance de ses occupants. Le scorbut entame bientôt la petite population abandonnée. En 1915, après cinq années d'enfer et de privations, le « gouverneur » Arnaud n'est plus que le chef loqueteux d'une tribu famélique et hallucinée. Il croit voir un navire au loin et tente le tout pour le tout : avec les trois militaires qui lui restent, il monte sur une petite embarcation et tente de gagner la haute mer. La barre renverse l'esquif et les héros sont dévorés par les requins, sous les yeux de leur progéniture.

Alvarez, le gardien de phare, sent son heure venue. Seul homme de l'île désormais, ce Noir va pouvoir se venger d'une vie d'humiliations. Il se proclame « roi de Clipperton » ; les enfants des soldats seront ses serviteurs ; les veuves, ses esclaves et maîtresses, de gré ou de force.

Pendant la première guerre mondiale, le Mexique se montre suffisamment ami de l'Allemagne pour que les États-Unis redoutent l'installation d'une base de sous-marins à Clipperton. L'*USS Yorktown*, capitaine Perrill, est donc chargé d'une mission de reconnaissance. Quand les marins américains débarquent sur l'atoll, le 18 juillet 1917, un spectacle épouvantable s'offre à leurs yeux : le roi Alvarez, massacré par son harem dépenaillé, baigne dans son sang, tandis que les crabes rouges entaillent déjà son cadavre...

Les rescapés — quatre femmes, sept enfants — sont évacués vers la Californie et l'atoll redevient désert, pour longtemps. Paris continue d'ignorer superbement cette île maudite, se bornant à soumettre le contentieux franco-mexicain à l'arbitrage du roi d'Italie.

Et c'est ainsi que Mussolini va doter la République française d'une possession nouvelle... En janvier 1931 en effet, à l'approche d'une importante conférence internationale sur les armements navals, la diplomatie fasciste entreprend d'amadouer la France par un petit cadeau, qui présente aussi l'avantage de ne lui coûter rien : Victor-Emmanuel III, roi d'Italie, rendant tout à coup l'arbitrage qui traînait depuis tant d'années et auquel plus personne ne songeait, déclare au monde ébahi que l'île est française !

À la fureur des Mexicains, n'équivaut que la stupeur des Français. « Cette souveraineté dont nous n'avons rien à attendre que des dépens ou des désagréments peut être cédée », écrit alors à son ministre l'ambassadeur de France à Rome, peu enthousiasmé par cette conquête : « Clipperton reste à mon sens dans les excédents de bagage dont il est de prévoyance de s'alléger. »

L'île restera française, pourtant, malgré les offres d'achat américaines. Pendant la guerre du Pacifique, les États-Unis n'hésitent pas à y installer une base militaire. Quand le général de Gaulle l'apprend, il envoie au chef de la mission militaire française à Washington un télégramme véhément : « Vous répondrez à la marine américaine que le secret des opérations ne lui confère pas le droit de violer à Clipperton la souveraineté française. [...] Veuillez, d'autre part, envoyer sans délai à Clipperton un élément français. »

Cette dernière injonction, toutefois, ne sera jamais suivie d'effet. Les grands projets, pourtant, n'ont pas manqué : pêcherie, aéroport stratégique, port en haute mer, centre d'exploitation des nodules polymétalliques... Clipperton a même un code postal, 98799, mais aucune boîte aux lettres pour aucun facteur... Seules les expéditions scientifiques y démontrent périodiquement la souveraineté française : les missions Bougainville sous la présidence du général de Gaulle, décidément très clippertonien, celle du commandant Cousteau en 1976, celle de Jean-Louis Étienne en 2004...

Les biologistes, en particulier, trouvent un incroyable laboratoire naturel en cette boîte de Pétrie géante : peu d'espèces, mais prolifiques et envahissantes, vibrionnent sur l'atoll, ou croupissent dans le bouillon de culture du lagon vert coupé de l'océan. Ce lagon, par ailleurs, renferme lui-même un micro-territoire, sans doute la terre française la plus oubliée, la plus méconnue de toutes : l'île aux Œufs. Comme l'Utopie de Thomas More, c'est une île dans une île, une inclusion territoriale, le point le plus malaisément accessible de l'ensemble français, du moins pour qui n'est ni pétrel, ni fou-de-bassan... Cette dépendance intérieure ne fait qu'ajouter à l'étrangeté profonde de Clipperton, à son aura de légende et à son magnétisme noir. Outre les travaux scientifiques et les rapports administratifs, cette île ingrate et nue a suscité plus d'études historiques, de romans, de reportages, que bien des communes métropolitaines — comme si le cortège de malheurs et de désolations qui composent son histoire exerçait une attraction spéciale sur les imaginations romantiques.

En février 1977 d'ailleurs, commentant un documentaire sur Clipperton, le fringant Jean-Claude Bourret annonçait à la télévision qu'on recherchait des colons pour la mise en valeur de l'île : « Envoyez votre dossier au ministère du Travail », concluait-il par plaisanterie. L'afflux de candidatures fut si impressionnant que le gouvernement exigea un démenti télévisé : pas question de financer sur les deniers publics le voyage de tous les rêveurs de France vers l'îlot fascinateur, à deux jours en mer de toute terre habitée.

En 1978, on prêta au garde des Sceaux Alain Peyrefitte l'intention de faire de Clipperton « une sorte d'Alcatraz », la nouvelle occasionnant une brève polémique sur la possible renaissance des colonies pénitentiaires dans la France giscardienne…

Inutile, pourtant, d'y envoyer des bagnards : Clipperton reste une zone de non-droit, sans police ni gendarmerie, sans brigade anti-criminalité, sans même la surveillance maritime nécessaire pour empêcher le pillage d'une zone de pêche de 435 612 km². Avec en moyenne une rotation tous les deux ans, la marine française est dans l'impossibilité d'assurer une surveillance active du seul territoire français du Pacifique Nord — car la Polynésie, la Nouvelle-Calédonie, Wallis-et-Futuna se trouvent de l'autre côté de l'équateur.

Lacune sans équivalent nulle part ailleurs en France : on ignore même quelle monnaie a cours à Clipperton ! Le problème, signalé dans un rapport officiel en 1988, n'a pas évolué depuis. Selon l'Institut d'émission d'Outre-mer, la monnaie théorique de Clipperton est le franc pacifique, comme en Polynésie française, d'où l'atoll est administré. Or cette thèse ne tient pas debout, car Clipperton ne fait nullement partie du « pays d'outre-mer » polynésien, situé à 4 000 km de distance. Si, depuis 1936, l'île est administrée par le représentant de l'État à Papeete, c'est là une compétence attribuée *intuitu personæ* à ce fonctionnaire, une mission qu'il remplit en sus de ses responsabilités tahitiennes, sans que Clipperton puisse en rien être considérée comme une composante de la Polynésie française. D'ailleurs, en cas de crime ou délit à Clipperton, les tribunaux compétents ne sont pas ceux de Papeete, mais de Paris ! Juridiquement, Clipperton n'est qu'une dépendance du domaine public national. Le droit clippertonien n'est autre que le droit métropolitain, applicable à la virgule près, ce qui n'est pas du tout le cas du droit polynésien, largement autonome. Dès lors, on ne comprend pas pourquoi ce territoire aurait une autre monnaie que celle de la métropole, en laquelle sont d'ailleurs tarifées les amendes qu'encourt tout délinquant clippertonien.

Pourtant, nul ne s'est soucié d'inclure explicitement Clipperton dans la zone euro. Sur la carte qui orne les billets de banque libellés en euros, on distingue bien, dans leurs petits cartouches, la Martinique, la Guadeloupe, la Guyane et La Réunion, mais aucune trace de Clipperton parmi les « régions ultrapériphériques de l'Euroland », comme on dit à Bruxelles.

L'île serait-elle donc, par une faille du droit, l'ultime réduit du franc français ? Ou bien règne-t-il à Clipperton une sorte de socialisme primitif, une économie non monétaire de cueillette et de troc ? Nul ne le sait.

En vérité, Clipperton n'a pas livré tous ses secrets. Officiellement, l'île est inhabitée ; mais on trouve en métropole, à Paris même, et jusqu'en la rédaction des meilleurs journaux, des personnages discrets et besogneux qui s'avouent « Clippertoniens ». À quoi travaillent-ils ? Quels sont leurs desseins ? Rien n'a jamais filtré de leur petit réseau d'affidés.

Oui, les Clippertoniens sont parmi nous. Ils nous observent. Ils nous contrôlent. Dans l'ombre, ils tirent les ficelles.

Et si la France n'était qu'un TOM de Clipperton ?

SALUT RÉCAPITULATIF

AUX ÉTENDUES TERRESTRES ET MARITIMES DE L'EMPIRE OUBLIÉ

Elle paraît bien petite, la France métropolitaine, avec les 551 695 km² qu'on lui prête à l'école. Grossie de ses départements et pays d'outre-mer habités, la République française atteint les 667 141 km², mais double presque de superficie si on compte aussi Clipperton et toutes les TAAF, Terre Adélie comprise : ses 1 106 703 km² de terre ferme débouchent alors sur le deuxième plus grand domaine maritime mondial, juste après celui des États-Unis : 11 035 000 km² d'eaux territoriales et de zones économiques exclusives. Elle passerait même au premier rang avec la réintégration de ses possessions égarées, englouties ou délaissées...

Du Tombeau des rois aux Kerguelen, des Domaines français de Sainte-Hélène aux îles Chesterfield, le tour du monde des possessions françaises ravive d'abord de lointains souvenirs historiques. Reliquats des entreprises monarchiques et impériales, vestiges des courses lointaines de la marine à voile, elles semblent de pauvres reliques au musée des ambitions déçues et des plans contrariés.

Dans un siècle, pourtant, où l'influence des États ne vaut qu'à l'échelle planétaire, où les ressources halieutiques, les « énergies bleues » et les gisements subaquatiques deviennent des enjeux de puissance, le legs absurde des baleiniers, explorateurs, aventuriers et autres trafiquants de guano peut se révéler une carte maîtresse de l'avenir. Le 20 août 1980 déjà, évoquant dans *Le Canard enchaîné* la question alors à la mode des nodules polymétalliques sous-marins, Gabriel Macé écrivait, pince-sans-rire : « Les temps ne sont pas éloignés où la France métropolitaine dépendra, économiquement, de Clipperton. » Le pire est qu'il avait raison.

TABLE

BIBLIOGRAPHIE

Généralités :

Anatra (Professeur), « Nos Joyeuses Colonies de vacances » in *Le Canard enchaîné* des 10, 17, 24 et 31 juillet 2002.

Folliot (Philippe), Louy (Xavier), *France-sur-Mer, un empire oublié*, Éditions du Rocher, Monaco, 2009.

Marchon (Olivier), *Le mont Blanc n'est pas en France ! Et autres bizarreries géographiques*, Le Seuil, Paris, 2013.

Portes (Thierry), « La France bataille pour s'étendre sous les mers », in *Le Figaro*, Paris, 23 avril 2008.

Sur les îles Chesterfield :

Moniteur de la Nouvelle-Calédonie et dépendances n° 940 du 26 septembre 1877, n° 977 du 12 juin 1878 et n° 980 du 3 juillet 1878.

Aubert de La Rüe (Edgar), « Une Journée sur l'île Walpole », in *La Géographie* t. 63, Paris, 1935.

Brou (B.), « Les Chesterfield », in *Bulletin de la Société historique de la Nouvelle-Calédonie*, n° 24, Nouméa, 1975.

Godard (Philippe), *L'Île la plus proche du paradis*, Éditions d'art calédoniennes, Hong Kong, 1982.

Morignat (Daniel), « La prise de possession des îles Chesterfield », in *Bulletin de la Société historique de la Nouvelle-Calédonie*, n° 156, Nouméa, 2008.

Pisier (Georges), « Les “petites dépendances” de la Nouvelle-Calédonie », in *Bulletin de la Société historique de la Nouvelle-Calédonie,* n° 41, Nouméa, 1979 (Voir aussi le n° 78).

Sur l'île Julia :

Allotta (Gaetano), *L'Isola effimera. Ferdinandea-Graham-Julliet,* Edizioni d'Arte T. Sarcuto, Agrigente 2002.

Dumas (Alexandre), *Le Spéronare,* Honoré Champion, Paris, 2002 (réédition du texte de 1855).

Fuligni (Bruno), *L'Île à éclipses. Histoire des apparitions et disparitions d'une terre française en Méditerranée,* Les Éditions de Paris, Paris, 2003.

Prévost (Constant), « Descente à l'île Julia, nouvellement sortie de la mer sur les côtes de Sicile » in *La Revue des Deux Mondes,* Paris, novembre 1831.

Prévost (Constant), *Rapport fait à l'Académie royale des sciences sur le voyage à l'île Julia en 1831 et 1832,* Impr. de Lachevardière, Paris, 1835.

Testard-Vaillant (Philippe), « Ferdinandea » in *Science et Vie,* Paris, avril 2003.

Sur l'île des Pauvres de Barcus (Floreana) :

G. (P.-H.), « L'Île perdue des enfants de Barcus », *Le Quotidien du Maire,* Paris, 9 mars 1988.

Ireland (Gordon), *Boundaries, Possessions and Conflicts in South America,* Octogon Books, New York, 1971.

Judde (Gabriel), *Léon Uthurburu, ou Iturburu, Basque français émigré en Équateur à l'époque de l'Indépendance. Contribution à l'histoire de l'Équateur (1830-1887),* Publications du Centre de recherches de linguistique et de sciences humaines, Université Paris X, Nanterre, 1974 (réimpr. 1978).

Laulheret (René), « La Marée noire touche Barcus », *La République des Pyrénées*, Pau, 28 janvier 2001.

Macé (Gabriel), « Notre Expédition dans le Pacifique. Qu'attendons-nous pour occuper l'île Floreana ? », in *Le Canard enchaîné*, Paris, 30 mars 1977.

Macé (Gabriel), « Pour remplacer la guillotine, récupérons Floreana », in *Le Canard enchaîné*, Paris, 3 janvier 1979.

Zuber (Christian), *Galápagos. Caméra au poing au plus fantastique pays du monde*, Presses de la Cité, Paris, 1971.

Sur les Domaines français de Sainte-Hélène :

Bell (Martin), « Sainte-Hélène, exil magnifique », in *Courrier international* (traduction d'un article paru dans *The Independent of Sunday*), Paris, 16 mai 2002.

Cahuet (Albéric), « Les Domaines français de Sainte-Hélène. Une masure et un tombeau » in *L'Illustration*, Bobigny, 15 novembre 1913.

Cahuet (Albéric), *Retours de Sainte-Hélène (1821-1840)*, Fasquelle, Paris, 1932.

Dancoisne-Martineau (Michel), *Chroniques de Sainte-Hélène, Atlantique sud*, Perrin, Paris, 2011.

Hauterive (Ernest d'), *Sainte-Hélène au temps de Napoléon et aujourd'hui*, Calmann-Lévy, Paris, 1933.

Kauffmann (Jean-Paul), *La Chambre noire de Longwood*, La Table ronde, Paris, 1997.

Lentz (Thierry), Chevallier (Bernard), Dancoisne-Martineau (Michel) (dir.), *Sainte-Hélène, île de mémoire*, Fayard, Paris, 2005.

Sur le Mundat et les Domaines communaux d'Outre-Rhin :

Bonte (Pierre), *Bonjour M. le maire. Le Livre d'or des communes de France*, La Table ronde, Paris, 1965.

Myard (Jacques), « L'Accord du 10 mai 1984 sur le Mundat », in *Annuaire français de droit international,* 1985.

Tyc (Théodore), *L'Immunité de l'abbaye de Wissembourg,* Imprimerie alsacienne, Strasbourg, 1927.

Sur le rocher Diamant :

Stuart (Vivian), Eggleston (George T.), *His Majesty's Sloop-of-war Diamond Rock,* Hale, London, 1978.

Sur les îles Éparses :

« Îles Éparses de l'océan Indien », *L'Actualité juridique – Droit administratif,* Paris, 20 octobre 1998.

Le Naufrage du Santiago sur les « Bancs de la Juive » (Bassas da India, 1585), relations traduites par Philippe Billé et Xavier de Castro, Chandeigne, Paris, 2006.

Gaymard (Hervé), *Accord-cadre France-République de Maurice sur la cogestion économique, scientifique et environnementale relative à l'île de Tromelin et à ses espaces maritimes environnants,* rapport de la commission des Affaires étrangères, Assemblée nationale, Paris, 2013.

Guérout (Max), Romon (Thomas), *Tromelin. L'Île aux esclaves oubliés,* CNRS Éditions, Paris, 2011.

Gysembergh (Benoît), « Îles Éparses. Défense d'accoster », *Paris-Match,* Neuilly, 17 juillet 2009.

Hoarau (Alain), *Les îles Éparses, histoire et découverte,* Éditions Azalées, Sainte-Marie de La Réunion, 1993.

Oraison (André), « À propos du différend franco-malgache sur les îles Éparses du Canal de Mozambique », *Revue de droit international public,* Paris, juillet-septembre 1981.

Zitte (Guy), *Robinson volontaire. Météo aux îles Éparses,* Éditions Orphie, Saint-Denis de La Réunion, 2010.

Sur les TAAF :

Anatra (Professeur), « Pour rompre la glace, parlez taafien » in *Le Canard enchaîné*, Paris, 20 août 2008.

Aubert de La Rüe (Edgar), *Terres françaises inconnues. Îles Kerguelen, Crozet, Saint-Paul, Amsterdam*, Société parisienne d'Édition, Paris, 1930.

Aubert de La Rüe (Edgar), *Deux Ans aux îles de la Désolation. Archipel de Kerguelen*, Julliard, Paris, 1954.

Birraux (Claude), *La France et les îles subantarctiques. Compte rendu de l'audition publique du 14 juin 2011*, Office parlementaire d'évaluation des choix scientifiques et technologiques, Paris, 2011.

Brossard (Amiral de), *Kerguelen* (2 t.), Éditions France-Empire, Paris, 1970-1971.

Canobbio (Éric), *Atlas des pôles*, Autrement, Paris, 2007.

Delépine (Gracie), *Les Îles australes françaises. Kerguelen, Crozet, Amsterdam, Saint-Paul*, Éditions Ouest-France, Rennes, 1995.

Dupouy (Auguste), *Le Breton Yves de Kerguelen*, La Renaissance du livre, Paris, 1929.

Fuller (Capitaine Joseph J.), *Le Maître de la Désolation. 35 ans aux îles Kerguelen (1860-1895)*, Ginkgo Éditeur, Paris, 2009.

Houdaille (Christophe), *Au vent des Kerguelen. Un Séjour solitaire dans îles de la Désolation*, Transboréal, Paris, 2010.

Janichon (Gérard), Marliave (Christian de), *L'Aventure polaire française. Des baleiniers aux expéditions de Paul-Émile Victor*, Arthaud, Paris, 1997.

Jouanneau (Thomas), Nodinot (Élizabeth), *Portraits polaires. Antarctique, sur la route de Concordia*, Cheminements, Le Coudray-Macouard, 2008.

Kauffmann (Jean-Paul), *L'Arche des Kerguelen. Voyage aux îles de la Désolation*, Flammarion, Paris, 1993.

Kerguelen de Trémarec (Yves), *Relation de deux voyages dans les mers Australes et des Indes faits en 1771, 1772, 1773 et 1774*, Le Serpent de Mer, Paris, 2000.

Lesquin (Guillaume), *Les Naufragés de L'Aventure*, Nicolas Chaudun, Paris, 2010.

Libessart (Yann), *Les Manchots de la République. Un an aux Kerguelen*, Les Petits Matins, Paris, 2009.

Marois (Alexandra), *Les Îles Kerguelen, un monde exotique sans indigènes*, L'Harmattan, Paris, 2003.

Rallier du Baty (Raymond), « *On peut aller loin avec des cœurs volontaires.* » *Aventures aux Kerguelen*, Le Livre de poche, Paris, 2012.

Sur l'île des Démons :

Johnson (Donald S.), *Phantom Islands of the Atlantic*, Souvenir Press, London, 1997.

Navarre (Marguerite de), *L'Heptaméron des nouvelles*, Gustave Eudes, Paris, 1880.

Thévet (André), *Les Singularitez de la France antarctique, autrement nommee Amerique, & de plusieurs terres et isles decouvertes de nostre temps*, Maurice de La Porte, Paris, 1557.

Sur les enclaves fantômes de Check-Saïd, Adulis ou Zoulla, Amfilah, Edd :

Rambaud Alfred (dir.), Soleillet Paul (notices), *La France coloniale*, Armand Colin, Paris, 1895.

Sur Clipperton et l'île aux Œufs :

Auger (Alain), *L'Intérêt économique et stratégique pour la France de l'île Clipperton,* Secrétariat général de la Défense nationale, Paris, 1988.

Étienne (Jean-Louis), « Aventures à Clipperton » in *National Geographic France,* Paris, avril 2005.

Lime (Jean-Hugues), *Le Roi de Clipperton,* Le Cherche-Midi, Paris, 2002.

Macé (Gabriel), « Un pionnier du *Canard* à Clipperton », in *Le Canard enchaîné,* Paris, 23 février 1977.

Macé (Gabriel), « Notre Expédition dans le Pacifique », in *Le Canard enchaîné,* Paris, 23 mars et 6 avril 1977.

Niaussat (Pierre-Marie), *Le Lagon et l'atoll de Clipperton,* Académie des sciences d'Outre-mer, Paris, 1986.

P. (A. de), « Peut-on s'installer sur Clipperton ? » in *Tahiti-Pacifique Magazine,* Papeete, juin 2002.

Rodriguez (Miguel), « Comment l'atoll de Clipperton devint français. Historique du litige entre le Mexique et la France » in *Tahiti-Pacifique Magazine,* Papeete, juin 2002.

Rossfelder (André), *Clipperton l'île tragique,* Albin Michel, Paris, 1976.

NB : Il n'existe aucun livre ni aucune étude sur le récif Ernest-Legouvé…

A. Îles Chesterfield
B. Île Clipperton
C. Îles Kerguelen
D. Îles d'Amsterdam et Saint-Paul
E. Îles Crozet (dont île aux Cochons)
F. Terre Adélie
G. Île des Faisans
H. Île Floreana
I. Île Julia
J. Carnevalis
K. Domaines français de Sainte-Hélène
L. Îles Éparses
L1. Bassas da India
NORD
B
H
M
T
OCEAN
ATLANTIQUE
SUD

ASIE
AFRIQUE
L2. Îles Glorieuses
L3. Île Europa
L4. Juan de Nova
L5. Tromelin
M. Rocher Diamant
N. Îles Hunter et Matthew
O. Villa Médicis et Pieux Domaines de France
P. Tombeau des Rois
Q. Mémorial d'Austerlitz
R. Monument à La Tour d'Auvergne
S. Check-Saïd
T. Île des Démons
U. Récif Ernest-Legouvé

INDEX

Direction de la publication
Julien Alvarez

Conception graphique
et mise en pages
Patrice Renard

Édition et fabrication
Lorraine Chouty

Impression réalisée
par Corlet imprimeur
pour le compte des
Éditions du Trésor
en septembre 2014.

ISBN : 979-10-91534-10-9
Dépôt légal : avril 2014
N° d'imprimeur : 167039
Imprimé en France